Mort, deuil, séparation

Théo Compernolle, *Du calme!*
Manuel pour l'éducation des enfants hyperactifs

Marie-France Daniel, *La philosophie et les enfants*
Les modèles de Lipman et de Dewey

Roger Deldime, Sonia Vermeulen,
Le développement psychologique de l'enfant
7e édition

Diane Drory, *Cris et châtiments*
Du bon usage de l'agressivité

Claire Kebers, *Mort, deuil, séparation*
Itinéraire d'une formation

Madeleine Natanson, *Des adolescents se disent*
Voyage au pays des adolescents ordinaires

Paul A. Osterrieth,
Introduction à la psychologie de l'enfant
17e édition

Jos Peeters,
Les adolescents difficiles et leurs parents

Lucien Piloz,
Maîtriser la violence à l'école
Prévention et traitement de la violence en milieu scolaire

Michel Rosenzweig,
Les drogues dans l'histoire : entre remède et poison
Archéologie d'un savoir oublié

Edwin S. Shneidman,
Le tempérament suicidaire
Risques, souffrances et thérapies

Philippe van Meerbeeck, Claude Nobels,
Que jeunesse se passe
L'adolescence face au monde adulte

Comprendre

Claire Kebers

Mort, deuil, séparation

Itinéraire d'une formation

Préface de Gabriel Ringlet

De Boeck

Imprimé en Belgique

D 1999/0074/34

ISSN 1373-024X
ISBN 2-8041-3151-3

À Albert, mon mari

À nos enfants et beaux-enfants

Aline et Guy

Jean-Luc

Marie-Claude et Philippe

À nos petits-enfants

Matthieu

Edwige

Antoine

François

Lucas

Maxime

Camille

À Isabelle

À Laurence

Préface

Vous n'allez pas le croire.

Ces mots-là, ces mots de tous les jours qui traversent autant l'actualité que nos conversations, ont pris pour moi une toute nouvelle coloration depuis qu'ils ouvrent la belle chanson de Fabienne Thibault : *Je suis née ce matin*. Une chanson qui m'accompagne depuis des années. Car aujourd'hui encore, la splendide voix de l'artiste québécoise, au service des paroles de Michel Grizolia, m'encourage et me remue au plus profond :

Vous n'allez pas le croire
je suis née ce matin
ma vie est bonne à boire
et je n'en savais rien.

Allez-vous le croire si je vous dis que vous tenez en main un livre précieux ? Un livre exigeant, encourageant. Un livre de naissance qui ne cesse de chanter à sa façon que la vie est bonne à boire… jusqu'au bout.

Non, je ne provoque pas. Je n'ignore pas l'immense souffrance de certains parcours, l'angoisse, la rage, la révolte, le «blasphème» quelquefois. Qu'on songe à la maman du romancier Jean Sulivan, si pieuse dans sa foi charbonnière, et qui meurt en protestant contre Dieu. Le fils prêtre l'avoue sans détour et il en rend grâce : en mourant de cette manière-là, sa mère si «traditionnelle» et qui se décide à parler soudain sa propre parole, sa mère paysanne le met au monde une seconde fois. Du coup, lui aussi va chanter à travers son oeuvre : «je suis né ce matin»…

J'espère que vous m'entendez bien: il n'y a pas de «laide» mort. Il n'y a pas de «belle» mort. Il y a la mort vécue et la mort volée. Il y a la mort mourante et la mort vivante. Et je prétends qu'aujourd'hui une des principales questions politiques, un des grands enjeux pour l'avenir de nos sociétés se situe à ce carrefour où la qualité de la vie et la qualité de la mort se rencontrent. En d'autres termes, sommes-nous prêts à considérer, y compris financièrement, que le moment de la mort est un moment essentiel de la vie ? Et donc à y investir ? Et à faire de la mort une « belle œuvre», comme on le dit d'une œuvre d'art ou d'un grand projet architectural. En sachant qu'une belle œuvre peut-être calme ou terriblement tourmentée.

Ce n'est pas une question de concours. Ce n'est pas une affaire de diplôme. Et nous n'allons pas, de grâce, ajouter encore une compétition à toutes celles qui précèdent et nous font mourir quelquefois! Quand j'invite à investir du temps et de l'argent, mais de l'invention aussi, de l'imagination, du côté de la mort, dans les soins palliatifs par exemple, dans la formation à l'accompagnement des mourants, dans le programme des études médicales ou para-médicales et même, plus largement, dans la culture citoyenne dès l'école fondamentale… j'encourage simplement à boire la vie dans son entier, dans ses brûlures comme dans ses blessures, en sachant que, même à la fin, plus souvent peut-être qu'il n'y paraît, le feu couve encore sous la cendre.

C'est ici que le propos de Claire Kebers devient essentiel et son approche urgente. Car s'il existe beaucoup d'ouvrages «sur» et «autour de» la mort, j'en connais peu qui offrent, comme le sien, un véritable itinéraire de formation. Parce qu'elle a raison : l'écoute et l'accompagnement des personnes malades et en fin de vie ne s'improvisent pas. La générosité, même la plus désintéressée, ne tiendra jamais lieu de compétence. D'où l'importance d'encourager les sessions de formation et de les accompagner d'un document très parlant et tout en nuance qui réussit le bel équilibre d'offrir une réflexion-témoignage particulièrement stimulante.

Cette invitation à voyager au pays de la mort, du deuil et de la séparation ne concerne pas les seuls professionnnels de la santé. Chacun de nous, tôt ou tard, dans sa famille, chez des amis, des collègues de travail, des voisins, est amené à «partager» la mort d'un autre. Et là je veux absolument rêver. Rêver et espérer que chacun, dans notre société, devienne le passeur de chacun. Que tout homme en ce monde considère qu'il appartient à sa responsabilité d'homme de mourir vivant et d'aider à mourir vivant. Celles et ceux qui accompagnent pour le meilleur et pour le pire vous le diront presque tous : lorsque s'éteint à mes côtés, même durement, même difflcilement, la personne que j'ai veillée et qui s'en va «ré-enfanter ses nouvelles saisons» comme dirait la chanteuse Mannick, je sens monter en moi, lentement peut-être, pas à pas, un étonnant goût de vivre et je rejoins alors l'expérience bouleversante qu'évoque Fabienne Thibault : «Vivre est une aventure… Je suis née ce matin».

Vous n'allez peut-être pas le croire… mais je considère l'accompagnement comme une des plus belles vocations qui soient. Conduire une sœur, un ami, un étranger, un inconnu jusqu'à l'autre rive. Devenir batelier d'un grand malade, d'un mourant au pays de la vie, quelle splendide aventure ! Je pense ici aux plus jeunes, tellement avides, parfois, de sensations fortes. A toutes celles, à tous ceux qui veulent se dépasser, s'engager, respirer. Enfin ! Pourquoi chercher le grand frisson dans les sauts à élastique et autres «challenges» en tous genres quand la vraie sensation se passe au coin de ma rue, en bordure d'un lit, au fond d'un couloir d'hôpital ? Les nouveaux explorateurs aujourd'hui, les aventuriers de l'impossible ne sont peut-être pas ceux qu'on pense. N'est-ce pas grand de guider un proche, un semblable, sur le chemin escarpé de son épiphanie la plus secrète ? N'est-ce pas beau de participer, même dans la douleur, à l'avènement d'une transfiguration ? N'est-ce pas unique de jeter un pont en direction d'une naissance ? Mais attention : cette aventure-là, comme pour l'escalade d'un sommet ou la traversée du grand désert blanc, demande un entraînement, une condition physique et psychologique, une conviction, un équilibre, des repères…

En refermant le livre de Claire Kebers, j'éprouve le sentiment de les avoir généreusement reçus, ces repères-là, mais je devine aussi, derrière cet itinéraire d'une formation, à travers des mots de chair et de sang offerts pour mieux vivre la mort, le deuil, la séparation, je devine, oui, la passion d'une vie qui coule, qui aime et qui passe dans une écriture. Car il ne faut pas s'y tromper : au-delà d'un savoir, par-delà un comprendre, au travers d'un écouter, l'auteur, sans avoir l'air d'y toucher, remet sa propre vie entre les mains du lecteur en lui conflant du bout des lèvres : «Tu ne vas pas le croire… Moi aussi, je suis née ce matin».

Gabriel RINGLET

Introduction

Pourquoi « mort, deuil, séparation » ?

Parce que sur le chemin de la vie, ce sont trois balises auxquelles nul n'échappe. Elles prennent place dans notre histoire à la manière de signes dont la répétition nous révèle la constance de notre désir d'être sans limites, sans pertes, sans maladies, sans la finitude.

Certes, il n'est pas question ici de magnifier la souffrance, d'en parler comme d'une fatalité ou d'une fin en soi. Tout mettre en œuvre pour l'éviter chaque fois que c'est possible et dans tous les cas la combattre est un devoir. Mais sans pour autant occulter ou vouloir ignorer la question qui s'y pose : quel sens donner à notre vie, sachant que mort, deuil, séparation peuvent aujourd'hui survenir, nous surprendre ?

Question incontournable et décisive pour qui se met à l'écoute des personnes en souffrance, malades, en fin de vie quel que soit leur âge. En effet, l'accompagnant dans sa démarche professionnelle (médecins, infirmier(e)s, bénévoles), le proche dans sa présence affective, le ministre du culte et l'aumônier dans leur ouverture spirituelle ou de foi sont un lien entre le malade et sa vie, entre le mourant et sa vie. Qu'ils se gardent d'y être un obstacle! D'où la nécessité pour chacun, dès lors qu'il s'agit de «prendre soin» d'autrui, de se rendre lui-même perméable à ce que «mort, deuil, séparation» induisent dans le décours de sa vie.

Pourquoi «Itinéraire d'une formation» ?

Parce que confronté à «mort, deuil, séparation», nul ne s'improvise et que plus grand est le combat pour vaincre la souffrance, plus grande est la question des armes à utiliser. Parmi celles-ci, **l'écoute** est une arme de choix indispensable à qui veut se garder et se construire des points d'ancrage qui doivent tenir tout au long de la traversée de son existence. Mais **l'écoute** n'est pas donnée. Elle s'apprend et par conséquent elle s'enseigne, non comme une théorie qu'il faudrait mémoriser ou un savoir qui serait à acquérir, mais comme une révélation qui se manifeste parce que nous l'avons cherchée. Il s'agit de la révélation qu'apporte l'expérience de soi au travers de la parole, chaque fois que celle-ci est écoutée.

Il faut à l'écoute une formation et donc un formateur! Or, dès que l'on parle de formation, il n'est pas possible de ne pas prendre en considération la démesure que constitue le projet de former autrui.Entre le formateur et le sujet en formation, dès lors que mort, deuil et séparation affleurent, c'est bien la question irréductible de l'existence et de son sens ultime qui se pose. C'est dire que la formation, telle que proposée ici, se déroule et s'ancre dans l'expérience que chacun fait de lui-même au travers de sa parole, grâce à elle.

Cette spécificité d'une formation à l'écoute de soi pour «passer» à l'écoute d'autrui, exige que le formateur se fasse lui-même «passeur», fonction qui confère à la formation son caractère limité, relatif, parfois illusoire mais, par voie de conséquence, son caractère à chaque fois perfectible. Mais pourquoi illusoire ? Exprimer, clarifier, cadrer sont en formation des moyens qui peuvent effectivement donner l'illusion d'une maîtrise sur la vie et sur la mort, au lieu d'être d'humbles repères qui permettent de se risquer à l'expression de soi-même et à l'apprentissage de l'écoute. C'est dire que par ses diverses implications, la formation met en exergue les risques pris avec la parole, parole sur soi, sur sa vie, sur sa mort.

Dans le cadre de «mort, deuil, séparation», la formation telle qu'elle est envisagée ici comporte trois modules : **l'écoute, le face à soi-même, le face à l'autre**.
«Itinéraire d'une formation» est donc la conceptualisation du contenu de ces trois modules en regard des attentes des personnes en formation et de leurs motivations à se vouloir «formées»! **Ouvrir** ce qui ferme leur écoute pour pouvoir faire de celle-ci un accompagnement; **éprouver** leur savoir-être, leur savoir- faire et leur savoir-devenir; **vérifier** l'adéquation de leur désir avec leur capacité réelle, entre autres celui de «prendre soin» des personnes malades et en fin de vie; **développer** les acquis que leur apportent déjà leurs connaissances et leur expérience, mais en les replaçant dans un mode relationnel, sont les objectifs qui répondent à la demande des candidats à la formation.

Une formation dans tous les cas nécessaire aux soignants professionnels et aux bénévoles qui souhaitent participer au grand mouvement introduit par les Soins Palliatifs. Ces derniers reposant sur trois piliers incontournables : l'acceptation de la mortalité, l'éradication de la douleur autant que possible, l'accompagnement psychologique, affectif et spirituel, il s'impose à chacun dans l'équipe soignante et accompagnante de développer son potentiel humain, quel que soit par ailleurs son savoir professionnel.
Échanges, exercices, jeux de rôle, réflexions à partir de situations vécues, approches verbales et non-verbales ou les deux, support vidéo, sont les moyens que la formation s'octroit et qu'elle propose, étant entendu que les participants ont à compter sur eux-mêmes pour rendre effectif dans leur vie personnelle et professionnelle ce travail de formation.

Certes, il ne s'agit là que d'un itinéraire parmi d'autres du même type ou différents. D'ailleurs une formation qui met en jeu «mort, deuil, séparation» ne revient pas à se mettre nécessairement d'accord sur toutes les approches de la vie, de la mort, de la spiritualité. Elle revient essentiellement à partager des expériences, des interrogations, des réponses, des choix existentiels pour «travailler» ensemble à ce qui relève d'une seule et même démarche au commencement et à la fin de la vie : ÊTRE.

Au surplus, composé chaque fois de personnalités différentes, le groupe en formation s'apparente à un continent où se produisent des rencontres parfois étonnantes, souvent émouvantes, toujours interpellantes et en cela même enrichissantes. Il arrive néanmoins que le formateur soit interrogé sur les risques pour lui d'ennui et de répétitions au long des formations qu'il anime. Sur ce continent-là, la routine, la monotonie, l'habitude n'ont pas cours, c'est trop vaste et trop exigeant pour que l'ennui s'y dépose. Pour le formateur comme pour les participants, chaque formation est occasion de renouvellement de soi et de ses engagements relationnels et professionnels.

Reste que Formation et Enseignement ne sont pas éloignés, ils ont pour trait d'union l'Expérience. Pour le formateur, l'expérience d'avoir été lui-même écouté et formé. Pour le sujet en formation, celle de se risquer aux remises en question qu'exige l'apprentissage de l'ÉCOUTE. Pour que la formation et l'enseignement qu'elle suppose ne tombent pas dans les rets du savoir théorique, il faut entre formation et enseignement un espace de liberté et un humanisme communs, lesquels constituent ce lieu où chacun vient en formation pour **«passer de savoir à comprendre»**.

En vertu de quoi, la lecture de cet ouvrage intéressera le formateur et le sujet en formation (soignant professionnel, bénévole, famille, enseignant en matière de santé) par l'expérience qui s'y décrit, les questions qui s'y posent, les réponses qui s'y trouvent, la réflexion qui s'y déploie. L'intérêt ne sera pas moindre pour ceux qui, non avertis, cherchent à savoir ce que recouvre le terme «formation» et en quoi elle leur apporterait un supplément d'humanité et de compétence.

Un avertissement demeure utile : la seule lecture d'un livre, si pertinent soit-il, ne saurait suffire à se former. Il manquerait le maillon indispensable de l'expérience de soi-même, la seule passerelle entre vie et mort.

Une directive est nécessaire : en vue d'une lecture plus aisée, les remarques concernant le formateur et sa dynamique sont notées spécifiquement au sein des chapitres qui traitent de la formation et de ses enjeux.

Chapitre 1 *Le formateur*

C'est peut-être «le Credo» de tout formateur que de croire, d'espérer que l'itinéraire auquel il convie de participer sera l'occasion, le moteur, le lien d'une réelle remise en question de soi.

C'est cela son offre : qu'à travers le cadre, le «travail» proposé mais jamais imposé, les thèmes abordés, chacun passe ou repasse par le labyrinthe de ses émotions, découvre ou redécouvre les impasses de sa parole, soulève le voile de ses non-dits et de ses deuils enfouis. Et qu'à travers tout cela, quelque chose de soi-même soit touché, réveillé et travaillé en ce lieu sûr, dans ce cadre formateur, à la fois bousculant et sécurisant.

Danièle Deschamps

Formateur, pourquoi ?

Le terme «formateur» qui suggère compétence, qualification, professionnalisme est, dans le cadre des soins palliatifs et de l'accompagnement des grands malades et des personnes en fin de vie, non dépourvu d'ambiguïté, voire d'illusion. En effet, si l'on sait qu'au chevet du souffrant qu'est le malade ou le mourant, seul subsiste le sentiment de pauvreté et de petitesse, à quoi sert-il d'avoir encore recours à une formation, à quoi sert donc le formateur ?

Certes, accompagner dans ce cadre-ci, c'est «prendre soin». C'est-à-dire avoir recours à une connaissance optimale des thérapeutiques de la douleur et des soins de confort, tenir compte voire se soucier de la dimension psychologique, affective, sociale et spirituelle de la personne en souffrance. Non seulement cet accompagnement ne s'improvise pas, mais il bouleverse nos certitudes et plus encore nos repères. Aucun système, aucune technique permettent à cet accompagnement de faire l'économie de profonds bouleversements et remises en question de soi. C'est pourquoi se former à l'écoute des malades et des mourants, ou former d'autres à cet accompagnement, ne peut-il jamais conduire quiconque à se prévaloir d'un «savoir» !

Le formateur n'a ni recette à enseigner, ni assurance contre les risques de vivre, il n'a à offrir que le travail de ses propres remises en question face aux mouvements de vie et de mort qui l'habitent. Ce travail auquel il se livre, corps et âme pourrait-on dire, ne s'apparente pas à un savoir mais à une expérience de soi, de soi avec soi-même, de soi avec l'autre, de soi avec, précisément, le non-su. Car, s'il est un non-su, c'est bien celui de la mort, celui en lequel nous plonge la mortalité.

Dans le cadre d'une formation à l'écoute des malades et des mourants, la question «pourquoi est-on formateur ?» se pose avec une exigence accrue. Trois dimensions au moins sont présentes dans l'objectif d'être ce formateur. Le désir d'ouvrir à autrui le labyrinthe de la vie et de la mort articulées au travers de l'écoute de soi et par conséquent des autres. Il s'agit là d'une position éthique qui souligne le caractère précieux et unique de la vie de chacun et en chacun. Le souci, partie intégrante de l'expérience de soi, de partager la reconnaissance de la dimension existentielle présente jusque dans les soins médicaux et leurs approches techniques.

Le troisième point concerne plus particulièrement la dynamique du formateur et de la formation, à savoir l'idée acquise que toute maladie grave mobilise chez les patients, les soignants, les accompagnants quels qu'ils soient, des peurs, des pensées, des sentiments, des désirs et des fantasmes qui infiltrent les relations des uns avec les autres, et qu'il est impérieux d'en prendre conscience, sous peine de se faire du tort ou d'en faire à autrui.

Autrement dit, la préoccupation du formateur est ici d'offrir le fruit de son expérience singulière, laquelle rejoint un processus universel dont l'évidence veut que toute relation à autrui se teinte de la relation entretenue avec soi-même. C'est d'ailleurs autour de la souffrance que se révèle avec le plus d'acuité cette évidence qui met un pont ou un fossé, c'est selon, entre soi et les autres. Le formateur n'aurait fait passer que ce message ou n'aurait-il conforté autrui que dans cette expérience, il aurait déjà atteint l'un des objectifs de la formation.

Les motivations qui poussent à devenir formateur, particulièrement dans un domaine où se touchent, indissociables, la vie et la mort, sont diverses et personnelles à chacun. Mais il en est une, irrépressible, incontournable : que ce soit l'ampleur de la vie qui détermine le désir d'être ce formateur. L'ampleur de la vie est nécessaire à l'homme pour qu'il puisse accepter sa mortalité. Comme de grands idéaux sont indispensables pour que soit vécue, sans monotonie et sans résignation, la finitude des choses.

Dans le sillage de «mort, deuil, séparation», il n'y a de formateur, au sens fort du mot et de la fonction, que dépouillé de son savoir. Non privé d'un savoir qui fonde sa compétence professionnelle, mais dépouillé, c'est à dire désencombré. Le savoir, utile et gratifiant, reste un moyen mis à la disposition du formateur pour son assurance et sa crédibilité au sein du groupe en formation. L'expérience quant à elle, désencombrée de la tentation du pouvoir et de la séduction, est le moyen que met le formateur à la disposition du groupe pour sa propre accession à la compréhension de ce que ÉCOUTER signifie.

De quel savoir s'agit-il ?

L'erreur serait grande — il arrive qu'elle le soit — de conférer au formateur, donc à la formation, un pouvoir sur la finitude des choses et la mortalité des êtres. Le parallélisme serait alors flagrant entre le groupe qui voudrait maîtriser la mort (certains participants ne viendraient à la session de formation que pour cela) et le formateur dont le savoir prendrait une place omnipotente, aussitôt confondue avec un pouvoir guérisseur, celui d'écarter la mortalité, d'apprivoiser la finitude des choses et des êtres ! Or, formateur et guérisseur sont l'un et l'autre confrontés au développement d'une capacité optimale de la vie : la quête de l'identité, le désir de la maîtrise, la recherche de l'amour. Trois dimensions de soi dont la formation dévoile leurs autres faces : la perte, l'angoisse, la culpabilité.

C'est dire qu'une formation à l'écoute sur le thème de la séparation, du deuil et de la mort, amplifie, du moins à son début, les mouvements de déni de la perte, de l'angoisse, de la culpabilité. C'est alors que le dépouillement du formateur, sa réception de l'impuissance, son acquiescement à l'inconnu et au non-su constituent paradoxalement le savoir qui lui permet d'être, au sens littéral du mot, formateur.

Le formateur, le thérapeute : l'écart

Dans cet entre-deux, le formateur assume la fonction qui est à la fois de dévoilement des résistances des participants et de réassurance de ceux-ci. Maintenir une situation formative, c'est donc soutenir les termes du conflit entre la vie et la mort, entre le désir d'immortalité et la finitude, entre la maîtrise et l'impuissance, mais dans un climat ouvert à des résistances qui puissent être exprimées, vues, entendues et alors, alors seulement, surmontées parce que comprises. Mais pas nécessairement par tous, car il est des résistances, des dénis, des douleurs psychiques fichés dans l'inconscient et qui relèvent d'un travail de thérapie. Il arrive en effet que pour certains participants, la formation débouche sur la prise de conscience qu'un travail plus approfondi leur serait bénéfique voire nécessaire, mais dans ce cas, l'engagement thérapeutique se fera ailleurs et dans un autre temps. L'éthique du formateur veut qu'il ne se présente pas comme thérapeute là où il ne lui est demandé que d'être formateur. Il importe donc que le formateur différencie clairement son rôle de celui du thérapeute. D'abord parce que la demande à laquelle il répond concerne un apprentissage et non une guérison. Ensuite, parce qu'une demande de guérison, fût-elle seulement implicite, ne saurait être correctement traitée dans les limites d'une formation. Il faut à la thérapie un cadre et une rigueur que la formation n'assure pas, ne peut assurer. Par conséquent, si le formateur suscite l'expression des sentiments, souligne leur poids d'ombre et de lumière dans l'écoute d'autrui, il évite par contre de s'engager et d'engager les participants dans une relation de transfert, objet par excellence de la thérapie et de ses implications.

Il faut ici parler — fût-ce brièvement — des mouvements transférentiels et contre-transférentiels qui infiltrent le groupe en formation, tout comme ils constituent le moteur d'une thérapie.

Le concept de transfert

Le terme de transfert concerne le report sur la personne du thérapeute des affects positifs et négatifs liés aux relations infantiles du sujet et donc vécus par lui. Plus largement est transfert tout le comportement anachronique et irrationnel reproduit de l'enfance et manifesté dans la relation thérapeutique.

Néanmoins, le transfert ne se limite pas à la cure analytique et à la relation thérapeutique. Tout est transfert, argumentait Freud. Au cours de la formation, particulièrement dans sa phase initiale, se pose pour les participants la question de savoir ce que désire le formateur, et plus crucialement, si désir du formateur et désir du participant vont coïncider ? S'établissent par la suite, entre les membres du groupe des liens de fraternité réciproques, sorte de complicité familiale sous le regard du formateur-père ou mère. Nombreux sont les participants qui disent du groupe qu'il est pour eux «comme une famille»! Une famille qu'ils auront à quitter et dont ils vivront la dispersion en fin de formation.
Un autre mouvement transférentiel, quelque peu dégagé des états infantiles primaires et du désir de plaire (manifesté par la crainte de ne pas répondre au désir supposé du formateur) conduit le groupe à substituer au formateur, le professeur dispensateur d'un savoir mythique sur la vie et sur la mort, sorte d'initiateur tout puissant.
C'est dire que la relation entre le formateur et le sujet en formation est dynamisée ou au contraire paralysée, dans tous les cas infiltrée par les références au père initiateur, à la mère réparatrice, au médecin guérisseur, au professeur détenteur du savoir. La richesse des expériences œdipiennes du formateur (son travail personnel de dégagement des états infantiles) facilitent sa capacité empathique, sa perméabilité à la vie fantasmatique du groupe. Mais il n'est formateur au sens éthique de la fonction que s'il est capable de se mouvoir avec aisance et liberté dans le champ symbolique de la relation formative sans se faire ni père ni mère, ni professeur ni dieu.
En cours de formation, c'est en repérant l'écart qui le sépare des images projetées sur le formateur, que le participant peut se former. *«Le caractère irréductible de cet écart est le moteur même du désir de formation, du travail qu'elle requiert, de l'illusion qui l'inaugure. C'est aussi à maintenir l'écart entre la demande du sujet en formation et l'offre du formateur, contre l'illusion fusionnelle d'une coïncidence parfaite, que fonctionne le processus de formation».* [1]

Différenciateur et passeur

Tandis que le thérapeute use des mouvements transférentiels entre son patient et lui-même comme d'un outil d'identification et d'analyse, le

1. Fantasmatique de la formation et désir de former, René KAËS, in Fantasme et Formation, Dunod, Paris.

formateur observe ces mouvements (il est primordial qu'ils ne lui échappent pas, d'où l'importance de sa propre formation) mais il ne les utilise pas à des fins analytiques et interprétatives. Précisément, savoir ne pas les utiliser, suppose une observation attentive des «ressentis» qui traversent le groupe, une expérience personnelle et une connaissance théorique suffisantes des implications transférentielles et, ce qui n'est pas le moindre, la capacité de faire le deuil de sa dimension de thérapeute, précisément. Alors même que c'est sa capacité thérapeutique que le groupe va solliciter pour trouver réponse à ses fantasmes de toute puissance, de guérison, d'immortalité! Comme c'est de sa fonction de formateur que, du moins dans un premier temps, le groupe va exiger la transmission d'un savoir omnipotent sur la vie et sur la mort!

Pour répondre au rôle qui est le sien, le formateur se doit d'être un différenciateur et un passeur. Si la qualité du différenciateur rejoint la fonction de la paternité, le formateur quant à lui, n'étant ni le père ni la mère, renonce à la valeur éducative de l'initiation. Dans son activité spécifique, face à un groupe en demande de formation à l'écoute et à l'accompagnement des plus souffrants, le différenciateur devient celui qui substitue à la loi tragique de la mortalité, de la perte et du deuil, une loi humaine, révélatrice de cette chose de cœur, d'esprit et de chair qui fonde le désir de se former comme elle a fondé le désir d'être formateur.

Passeur, doit être et rester le formateur. Dans «mort, deuil, séparation», il s'agit de se rendre perméable aux réalités par lesquelles l'humain s'exprime, se comprend et se libère de ses carcans. Le passeur n'intervient donc ni comme un idéal du Moi (sorte de modèle) ni comme un artisan des illusions du groupe, mais comme témoin actif de l'expérience faite tous ensemble dans le sillage de la formation, une expérience rendue possible par le «je» de la parole. (En effet, il est expressément demandé aux participants de s'exprimer en terme de «je», c'est-à-dire en évitant de se cacher à l'aide du «on» ou du «nous»).

Gardons-nous cependant de l'illusion du formateur extraordinairement détaché! Le désir de susciter, d'initier, de faire croître demeure inhérent au désir de former et habite le formateur tout autant que son éthique l'oblige à quitter la férule du savoir et à éviter les pièges de l'éducation et de la toute puissance dans lesquels le groupe, avide de formation, pourrait (voudrait!) l'attirer.

Certes, la formation pourrait se réduire à des techniques qui feraient l'économie du risque de se dévoiler et d'avoir à traverser des vagues transférentielles. Elle pourrait servir des recettes qui dispenseraient des remises en question de soi. Mais *« la formation perdrait alors la source même de son intérêt pour l'homme, elle cesserait d'être aussi une œuvre d'imagination et de désir, une poétique de l'humain ».* [1]

Formateur, comment ?

En osant aborder, pour lui-même d'abord, la seule interrogation qui ne rate jamais son rendez vous avec l'angoisse : **Pourquoi mourir ?**
Elle émerge, l'interrogation. Elle disparaît. Elle revient. Elle cache. Elle exhibe. Elle nie. Elle envahit. Sans l'affrontement à cette question, la formation dispensée par le formateur risquerait de devenir une école de rationalisation sur la vie et sur la mort. Une manière pour chacun de parler mort, deuil, séparation sans trop s'y laisser prendre, voire d'en parler — comme on cause — pour ne pas se laisser toucher et interroger ! Il importe donc que le formateur intègre dans la formation ce qui de sa propre mortalité l'interroge et le touche, faute de quoi les participants échapperont à cela même qui les a amenés à la formation : un rendez-vous avec ce qu'ils ne veulent pas savoir, sorte de connu méconnu dont ils demandent le dévoilement, sans trop s'y frotter !

L'abandon des fantasmes d'immortalité et de toute puissance constitue paradoxalement la force du formateur, étant bien compris que la force n'est pas à confondre avec une supériorité quelconque. Il est utile ici de souligner que l'écart inévitable entre les attentes des participants et les réponses qu'apporte le formateur creuse des chemins opposés. Si le formateur laisse apparaître une adaptation facile et idéalisée au deuil, à la séparation, à la mort, les participants croiront devoir suivre cet exemple (puisque le formateur le dit...) ! La formation alors n'aura fait que conforter chacun dans ses résistances et ses conforts illusoires.
Si par contre le formateur venait à manifester l'éventuel trop plein de son interrogation existentielle, il érigerait dans la formation des pics d'angoisse qui, eux aussi, exacerberaient les résistances des participants, légitimement soucieux dans ces conditions de se créer un mur de protection. Suradaptation ou prégnance de l'angoisse nuirait à la formation et témoignerait d'un mal-être chez le formateur.

L'angoisse, la culpabilité, l'agressivité, la solitude sont parmi d'autres, des points communs — des signes communs — au formateur et aux participants. Il est donc indispensable que ces vécus aient été pour le

1. Ibid.

formateur l'occasion d'une réflexion sur soi, d'une remise en question de soi, d'un éclairage personnel sur la vie et sur la mort. Sur sa vie et sur sa mort. La mort n'est pas seulement un événement unique et terminal, elle est diffuse dans la vie. En reconnaître les traces est, d'une certaine manière, amplifier nos mouvements de vie.

Le formateur ne saurait aider les participants à exprimer leurs «interrogations existentielles», puis à les intégrer dans leur travail de formation s'il n'avait accompli pour lui-même cette tâche.

Reste qu'il serait illusoire de se croire au clair avec sa propre mort. Une chose est de prendre conscience de sa mortalité, autre chose d'en vivre au jour le jour les implications affectives, psychologiques, spirituelles, mouvantes par définition. C'est dans cette mouvance que le formateur avance avec le groupe. Il ne s'agit pas de ne plus avoir de peurs, d'angoisses, d'interrogations, il s'agit d'y trouver un sens à soi-même, avant d'aller aux autres. La démarche personnelle qui conduit un soignant, un bénévole, une famille à s'inscrire à la formation recèle une recherche implicite d'adéquation avec les mouvements de vie et de mort, les leurs et ceux des autres. C'est dans cette même optique d'humilité que le formateur entreprendra avec le groupe une démarche de clarification, non de la mort qui par son mystère échappe à toute explication, par son essence même se dérobe à toute interprétation, mais clarification de la vie, et du désir qui la soutient, la vie, jusqu'à ce que mort s'en suive !

Il est de la responsabilité du formateur de demeurer en «éveil» quant à lui-même, afin que ne lui échappent pas, le moins possible, les zones d'ombre inévitables dans la formation. L'estime de soi et la compétence sont ses outils professionnels. L'humilité et la capacité de se remettre en question sont ses outils relationnels. Le souci de susciter l'expression d'autrui constitue son outil sélectif.

Chaque participant à la formation attend et atteint le formateur en son point le plus humain, sans nul doute au point de sa motivation à être formateur. Qu'il se laisse toucher sans se laisser envahir, c'est comme cela qu'il sera formateur, au sens littéral du mot : celui qui ne fait que précéder, sorte de passeur, passeur uniquement. C'est là l'éthique de sa fonction. Une éthique où sa pratique vérifie la théorie qui n'est pas ici une théorie que l'on apprend, mais une théorie que l'on comprend. De la même manière, la formation recherchée par les participants n'est pas une formation qu'ils reçoivent, mais une formation qu'ils se donnent en présence d'un formateur, vivant, mortel, communiquant comme eux !

Le formateur engagé dans les méandres de «mort, deuil, séparation» va au devant d'une tâche spécifique où il aura à découvrir, puis à soutenir durant le temps de la formation, une sorte de lien ultime établi entre des personnes qui reconnaissent ensemble la réalité de la vie et de sa finitude.

Dans cette tâche et par cette tâche, le formateur fait partie des «marginaux» qui refusent la négation de la mort, et avec ce refus-là, amplifient les flux et reflux de la vie et de ses deuils.

Chapitre 2 *La formation*

«Il faut se garder de confondre l'accompagnement que l'on risque avec une recette que l'on applique»!

B. Martino, «Voyage au bout de la vie», Ed. Balland 1987 (existe en livre de poche)

L'expérience de la mort de l'autre, précisément parce qu'il ne s'agit pas de soi, n'altère en rien notre fantasme d'immortalité. Par contre, une certaine implication de soi; une parole mise sur notre propre fin, fut-elle dans notre imaginaire; l'expression de ce qui pourrait être notre dernier souhait; le dévoilement de nos mouvements de vie et de mort, tout cela dans le travail de formation revêt un impact certain. Impact plus important que notre expérience dans la réalité de notre vie quotidienne où, par nécessité le plus souvent, par angoisse parfois, nous demeurons «un éternel survivant»!... Le quotidien, pris dans l'engrenage de l'activité et de l'immédiateté, engendre rarement, ou dans tous les cas difficilement, une réflexion approfondie sur soi face à la vie et à la mort. Il faut le plus souvent une circonstance majeure pour que soit posée la question du sens de la vie — et donc de la mort — et que soient parfois remis en question les choix de notre existence. C'est alors qu'un décès, une séparation, une épreuve, une recherche de sens à sa vie d'aujourd'hui, un échec de l'accompagnement d'un mourant proche, un souci d'ordre professionnel ou relationnel, un désir de rencontrer l'autre «poussent», au sens littéral du mot, vers une démarche de formation.

Pas n'importe quelle formation ! Une formation :

- où ce n'est pas l'abstraction de la mort qui sera rencontrée mais l'évocation de notre propre mort.
- où ce n'est pas l'objectivité des réalités de notre vie qui prendra corps, mais la subjectivité qui nous les fait traverser de telle manière plutôt que de telle autre.
- où la question du sens de la vie et de la mort se posera à la fois en relation à une situation et en référence à notre propre histoire.
- où nos résistances à la vie et à la mort (celles-ci ne diffèrent pas mais se vivent dans d'autres expressions ou signes) trouveront les voies du «lâcher prise» qui sont aussi les voies de notre liberté et de celle d'autrui.
- où écouter le malade, accompagner le mourant, «aider» le souffrant relèvent d'attitudes à comprendre beaucoup plus qu'à apprendre.
- où les sentiments de culpabilité, les désirs de toute puissance, les illusions fusionnelles, ayant trouvé à se dire, nous découvrons une issue qui permet à nos capacités relationnelles réelles de prendre corps et âme !
- où mort, deuil, séparation s'inscrivent dans le parcours de notre vie, donc du vivant en nous.

Ce travail, car c'en est un, exige une forte implication personnelle, puisqu'il porte sur nos propres deuils, nos propres séparations, notre propre mort. Mais par ailleurs, par la force des remises en question qu'il entraîne, ce même travail permet de saisir la signification et l'importance que peuvent revêtir pour d'autres la maladie, la séparation, la mort. En bref, il s'agit d'une formation qui ne manque pas d'interférer de manière contestataire et irréversible dans le discours de la société ou de l'institution, parfois dans le nôtre ; discours qui tente de nier la mort, d'occulter le handicap, d'éloigner la vieillesse, d'aseptiser les affects.

Comme le faisait remarquer une participante, au sortir de la session de formation : *«J'ai changé et mon institution va avoir à me suivre !»*. Ce qui fut fait par la mise en place d'un lieu de parole pour les soignants et progressivement par un changement d'état d'esprit dans son service.

La formation telle que présentée ici, loin d'aboutir à des perturbations, instaure un accord et une paix, ou dans tous les cas, la recherche d'un accord et d'une paix, avec les réalités de notre quotidien personnel, professionnel voire familial. Il ne s'agit pas seulement d'un changement de relations ou de pratiques professionnelles, mais d'une mutation plus profonde qui porte sur le sens de la vie, et donc de la mort. C'est à ce titre que la formation peut, par surcroît, constituer un mouvement thérapeutique.

«J'étais venue pour apprendre comment approcher les malades et les mourants, voilà que j'ai appris à écouter mes proches d'abord...» reconnaissait quelqu'un. C'est dire qu'au-delà des attentes exprimées par les participants, des questions apportées par eux, de leurs désirs d'en savoir plus en vue d'une pratique professionnelle plus adéquate ou moins douloureuse, cette formation touche de trop près à la trajectoire de la vie et de la mort pour ne pas toucher à leur propre histoire et ne pas provoquer des changements d'ordre personnel.

Ce faisant, la formation offre à chacun la possibilité de découvrir et de comprendre une autre dimension de la maladie, du deuil, de la séparation et de la mort. Dimension qui renvoie à l'être global du malade, du soignant, du proche, de l'accompagnant. La formation devient donc le tremplin de prises de conscience, de remises en question, et en cela elle s'apparente à une re-création de soi d'où émergent des conclusions thérapeutiques et pédagogiques.

Difficile de définir exactement une formation centrée sur un tabou ! Encore faut-il savoir que le tabou de la mort n'est que le dernier d'une litanie d'interdits, de non-dits qui, forcément, aboutissent au silence sur la mort. Pour ne donner qu'un exemple : nombreux sont encore les participants qui disent avoir appris à ne pas parler de soi, en vertu d'un certain nombre de règles morales ou autres ! *«C'est égoïste, cela pèse sur les autres, cela ne se fait pas, mieux vaut se taire, cela ne sert à rien etc.»*

Dans cette perspective, il va de soi que la mort ne peut que s'enfermer dans le non-dit. Dans cette même perspective, la formation ne peut apparaître que comme une transgression des tabous qui ont pour fonction la réduction au silence, donc à l'enfermement. En définitive, serait-il osé de définir la formation proposée ici comme étant le lieu de tous les possibles ? Ce qui laisse à chacun la liberté de cerner son possible, d'en délimiter le risque pour lui, d'en faire un changement ou une continuité...

Pour quel public ?

Dans la mesure où «mort,deuil, séparation» sont inhérents au seul fait de vivre, c'est à tout le monde que s'adresse cette formation. Mais au-delà de cette constatation, tout le monde n'éprouve pas le besoin ou le désir de s'engager dans une formation dont les implications restent spécifiques à ceux qui, d'une manière ou d'une autre, professionnelle ou personnelle, sont concernés par l'écoute, l'accompagnement, le «prendre soin» de la personne malade «ou» en fin de vie. Le «ou» désigne ici la distance entre la maladie grave ou chronique mais non mortelle et celle qui s'inscrit dans une fin de vie. Dans un cas comme dans l'autre, la douleur et la souffrance sont à écouter, à soigner, à guérir chaque fois qu'il est possible, à accompagner quelle qu'en soit l'issue.

- ***les soignants professionnels,*** au sens large : médecins, médecins généralistes, futurs médecins, infirmier(e)s, kinésithérapeutes, assistants sociaux, gardes malades…
- ***les familles*** qui entourent un des leurs, malade, âgé, dépendant…
- ***les bénévoles,*** les visiteurs de malades, les membres d'équipe d'aumônerie et toutes personnes concernées sans distinction philosophique.

Les soins palliatifs

Compte tenu du grand nombre de personnes qui, à titre professionnel ou bénévole, désirent s'engager dans une équipe de soins palliatifs, un éclairage est ici nécessaire.
Il est heureux que les soins palliatifs progressent et se multiplient. Les soins palliatifs, c'est-à-dire le «prendre soin» médical, familial, psychologique et spirituel de la personne malade devenue incurable. Quand guérison et rémission ne sont plus envisageables, reste aux soignants et à la famille le devoir d'assurer au malade un maximum de confort physique, affectif, psychologique et spirituel.

Cela suppose, en priorité absolue, que soient contrôlés la douleur et les divers symptômes qui affectent le patient. Tout le monde sait aujourd'hui qu'une douleur importante, tenace, récidivante et en cela angoissante, rend difficile sinon impossible la coopération du malade aux soins de confort, à la communication avec les siens, à sa vie jusqu'au bout, sans oublier que les soignants eux aussi subissent l'érosion de la douleur de leurs patients, quand celle-ci n'est pas suffisamment prise en compte ou reste mal contrôlée.

La médecine s'est donné aujourd'hui la possibilité — et donc le devoir — de vérifier et soigner la douleur tout en laissant au malade un maximum de conscience, en manière telle qu'il puisse non seulement ne pas ou ne plus souffrir, le moins possible dans tous les cas, mais vivre jusqu'au bout, dans la dignité et le réconfort des présences souhaitées par lui, le temps qui lui appartient encore, et que nul n'a le droit de perturber ! À cet égard, la Charte de la Fédération Belge des Soins Palliatifs est significative. La nécessité de la formation y est largement signalée.

1. La mort fait partie intégrante de la vie au même titre que la naissance, l'adolescence et la maturité. Dans cette phase ultime, la personne doit recevoir l'opportunité de parfaire sa vie d'une manière tout à fait personnelle aussi bien sur le plan somatique, psychologique, relationnel que spirituel.
2. Le patient en fin de vie a droit à la meilleure qualité de vie possible durant cette phase ultime. La douleur, la souffrance morale et les autres symptômes doivent être atténués au mieux des connaissances actuelles, tout en veillant à altérer le moins possible la conscience.
3. Le malade a droit d'être informé en vérité.
4. Le malade est un individu unique et digne d'être respecté en tant que tel. Il a le droit d'être impliqué dans toutes les décisions jusqu'à la fin de sa vie.
5. Le malade a droit en fin de vie à un environnement qui répond à ses besoins affectifs. Ceci implique la présence attentive des membres de son entourage et pour autant que souhaitée, l'intervention d'une équipe soignante.
6. Toute équipe interdisciplinaire spécialisée et spécifiquement formée doit être disponible pour assurer la prise en charge globale et les soins aussi bien au patient qu'à sa famille. Il sera également fait appel aux accompagnants bénévoles, pour autant que ces derniers aient reçu une formation adaptée et que leur rôle soit clairement défini.
7. L'euthanasie est étrangère à la philosophie des Soins Palliatifs de même que tout acharnement thérapeutique non justifié.
8. Parmi toutes les tâches qui reviennent aux Associations de Soins Palliatifs, figurent notamment, la formation de leurs propres équipes de soins, la formation des accompagnants issus des secteurs médicaux, paramédicaux et sociaux, ainsi que la sensibilisation et l'information des Associations semblables et du grand public.

Les professionnels de la santé

La logique voudrait que les soignants, au moins les professionnels, n'aient pas besoin de cette formation, en raison même de leur expérience médicale et de leur compétence avérée. Or, précisément parce qu'ils œuvrent au cœur de la condition humaine, ils ont plus que d'autres à dénouer les nœuds de leur résistance à la maladie et à la mort, celle-ci considérée trop souvent par eux comme un échec, et à tort cela va sans dire, comme un échec de leur serment et de leur engagement.

Le travail de formation concerne donc aussi, sinon par priorité, les soignants professionnels et auprès d'eux, les bénévoles et les familles, pour que s'ouvrent les mentalités au fait de la vie et de la mort conjuguées, pour que le «prendre soin» au sens large de la démarche, devienne une préoccupation normale, celle de chacun, entre autres dans tous les services de l'institution hospitalière, et pas seulement dans l'unité de soins palliatifs. Si exemplaires qu'elles soient et actuellement indispensables, les unités de soins palliatifs témoignent à contrario d'une carence générale de l'accompagnement des grands malades.

C'est la souffrance des malades et, en écho, la souffrance des soignants, des bénévoles et des familles confrontés à l'absurdité des actes médicaux quand ceux-ci sont vidés de leur humanité, qui produisent aujourd'hui cette exigence de changement que l'on retrouve dans tous les mouvements pour l'accompagnement des malades et des mourants. C'est la déshumanisation qui sourd du progrès scientifique et de l'efficacité technique, pourtant l'un et l'autre indispensables à la vie même, qui produit des troubles de la relation de soins et fait souffrir malades, soignants, familles et équipes pluridisciplinaires.

Le médecin généraliste

Trait d'union entre le domicile et l'institution hospitalière. Trait d'union entre la sécurité du «chez soi» et l'inconnue de l'hospitalisation. Trait d'union entre le patient et le spécialiste. Médecin, avec tout ce que cela suppose de compétence et d'humanité, au chevet du malade et auprès de ses proches, ces derniers devenant souvent sous le poids de l'angoisse et de la fatigue un autre malade qu'il faut soutenir. Homme de confiance tout autant que de médecine. Pilier de la maintenance à domicile et de la mort chez soi, le médecin généraliste est en première ligne des soins, entre autres des soins palliatifs face auxquels nul, fut-il médecin précisément, ne s'improvise.

Est-il besoin de préciser que les soins palliatifs ne se limitent pas au cancer et que le médecin généraliste, une fois de plus, est aux premières lignes de nombre d'autres pathologies qui sollicitent son attention, sa compétence, son écoute, sa sollicitude, son intelligence d'homme autant que de praticien.

L'un d'eux d'affirmer, au terme de la formation : *«Le traitement de la douleur et des symptômes en phase terminale relève d'une information rigoureuse, d'un savoir qui va grandissant avec l'expérience, d'une connaissance médicamenteuse stricte et appliquée individuellement. Mais cela ne va pas (ne va plus, ajoutait-il) sans un investissement personnel. La compétence sans l'accompagnement ou l'accompagnement sans la compétence restent sans effets !»*

Le bénévole

La formation des bénévoles est encore trop souvent jugée inutile ou peu importante en raison de leur travail non rémunéré. Ce lien de cause à effet est une erreur : ce n'est pas parce que quelqu'un s'engage gratuitement qu'il ne doit pas se former.

Dans le secteur de la santé particulièrement, le bénévolat exige des qualités de savoir-être et de savoir-faire qui ne s'acquièrent que par une formation. En niant son utilité ou en voulant y échapper, le bénévole se soumet à une précarité psychologique qui tôt ou tard dénaturera son engagement. Certes, il ne s'agit pas de former des bénévoles professionnels, mais de leur demander de travailler de manière professionnelle.

Dans l'équipe soignante pluridisciplinaire en institution hospitalière ou à domicile, les différents rôles assumés par les uns et les autres, celui du bénévole est le moins défini. Tantôt complémentaire, tantôt supplémentaire, c'est un rôle dont le seul point d'ancrage, sa seule continuité résident dans l'ordre du relationnel, donc du non mesurable ! Raison pour laquelle le bénévolat, tout libre qu'il est dans sa conception même, ne peut se soustraire à l'exigence de formation.

Entretien préalable à la formation

Ce serait une erreur d'accepter à priori que les «demandeurs de formation» se divisent en deux catégories : ceux qui peuvent affronter les situations afférentes à «mort, deuil, séparation» et les autres, ceux qui ne le peuvent pas ! Tout le monde peut — et doit — se poser les questions relatives à la vie et à la mort. Simplement il s'avère que certains, plus fragiles ou plus éprouvés ont besoin d'aide pour ce faire, c'est-à-dire trouver ou retrouver en eux les capacités qui leur permettent de réaliser leur désir de se mettre à l'écoute de l'autre. Dès lors, pourquoi préalablement à la formation, exiger un entretien avec le formateur ?

L'entretien permet au candidat à la formation d'exprimer ses motivations et, ce faisant, d'en vérifier le contenu, les opportunités pour lui-même, le réalisme dans l'instant présent de sa vie. En effet, poussés par leur générosité foncière, surtout quand il s'agit de candidats bénévoles, certains ne mesurent pas leurs dépenses en terme de temps et d'énergie. Or, pour le bon déroulement de leur travail de formation (car il s'agit bien d'un travail), il est utile que ces réalités ne leur échappent pas. De toute manière, ayant déjà, ou non, l'expérience des soins aux malades et de leur accompagnement, il importe que tout demandeur de formation affronte, si l'on peut dire, l'examen de ses motivations, étant entendu qu'il est son propre examinateur. Le formateur n'est là que pour l'écouter, c'est-à-dire lui permettre de se dire au plus juste de ce qui le pousse à vouloir se former. La clarification de ses motivations et de ses objectifs lui facilitera par la suite son implication dans le travail de formation.

En ce qui concerne les personnes qui se destinent au bénévolat, spécialement dans l'équipe palliative, l'entretien préalable revêt une importance particulière. N'est pas bénévole qui veut ou croit pouvoir l'être ! Dans tous les cas, n'est pas bénévole auprès des personnes démunies, des grands malades et des mourants quiconque se contente d'avoir bon cœur, temps libre et générosité. Une disposition naturelle à la relation est certes indispensable à qui veut s'engager dans le bénévolat, mais la capacité relationnelle à elle seule ne suffit pas. Il faut y ajouter une formation spécifique quand le bénévolat s'exerce auprès de personnes que leur état de santé, de douleur et de souffrance rend très sensibles à la qualité des relations avec elles, mais aussi autour d'elles.

L'on n'est pas bénévole n'importe où, n'importe comment et dans n'importe quelle circonstance, étant donné que l'utilité et la qualité du bénévolat dépendent aussi de l'adéquation entre la demande et l'offre.
D'où la nécessité d'un entretien de clarification préalable à la formation, ce qui peut étonner voire indisposer celui ou celle qui, avec cœur et enthousiasme, envisage un service bénévole. Il faut comprendre que tout le monde n'est pas fait pour tout le monde et qu'il est important, pour le bénévole lui-même d'abord, de saisir à quel type de formation il va être confronté.

Par ailleurs, il arrive encore trop fréquemment que des candidats à la formation, professionnels ou bénévoles, imaginent qu'elle se réduit à un «cours», à une suite de «conférences», qu'elle offre des «moyens techniques», apporte des «recettes», renvoie à des «théories»! Non informées ou subjectivement dans l'erreur, ces personnes se sentiraient piégées par une formation qui ne répondrait pas à ce qu'elles croiraient y trouver. L'entretien préalable permet donc l'information nécessaire aux personnes qu'une implication personnelle non annoncée déstabiliserait. Il permet aussi à ceux et celles qui, au contraire, recherchent la confrontation avec eux-mêmes, de se voir et de s'entendre confortés dans leur démarche ou, dans tous les cas, soutenus dans leur questionnement et leur projet de vie professionnelle, bénévole, personnelle.

Critères d'admission

Ils portent entre autres, sur un point qui ne relève pas, comme on pourrait le croire, de la décision du formateur, mais de la seule perception du demandeur de formation : que l'inexorable de la mort n'occulte jamais l'ampleur de la vie en quiconque se veut, professionnellement ou bénévolement, au chevet du malade et du mourant.

Au terme d'un entretien préalable à la formation, alors que tout paraissait positif, une dame, la soixantaine, fit cette réflexion : «Comment peut-on préférer la vie à la mort ?» Force fut au formateur de faire comprendre à cette dame que sa réflexion — en réalité sa pulsion de mort, mais cela ne lui fut pas asséné comme cela! — exigeait qu'elle clarifie pour elle-même l'ordre de ses priorités existentielles. Ce qu'elle sembla comprendre, fût-ce intuitivement, en acceptant de postposer sa démarche de bénévolat.

Pour le reste, le deuil trop récent d'un proche; une épreuve personnelle insurmontable dans l'immédiat; une incapacité réelle et de longue date à prendre la parole en groupe; une rigidité évidente face à la différence et à l'imprévu; une attirance clairement établie pour tout ce qui touche à la souffrance et à la mort, peuvent effectivement constituer des obstacles au projet de formation. Dès lors, il ne s'agit pas de renvoyer le candidat à ses pénates, mais de prendre la peine de lui dire que la formation, telle qu'elle se déroule, ne peut lui convenir «pour le moment» et qu'une réflexion voire un travail individuel à partir de tel ou tel élément surgi dans l'entretien, pourraient dans l'immédiat lui être plus salutaire qu'une formation en groupe. Ceci dit, le formateur veillera à ne pas entamer l'estime qu'a le candidat pour lui-même, tout en lui ouvrant une porte, mais différente momentanément de celle qu'il croyait devoir franchir. Il va de soi que, attentif à la liberté psychologique du candidat qui se voit subitement placé sous un projecteur qu'il ressent plus ou moins aveuglant ou puissant, le formateur ne se présentera pas comme le thérapeute possible, dans tous les cas pas dans l'immédiat, au besoin il fournira d'autres noms. Un travail thérapeutique librement consenti ne saurait s'appuyer sur une situation induite par le formateur, situation qui par la force des choses serait ressentie par le candidat comme un jugement ou comme un ordre.

Ceci dit, un entretien préalable à la formation est dans la toute grande majorité des cas un moment privilégié au cours duquel la parole circule librement entre le candidat et le formateur, tous deux sachant qu'ils se rencontrent, se parlent, s'écoutent sous les auspices d'un projet commun. Souvent en fin d'entretien, le candidat révèle sa satisfaction d'avoir pu «parler à cœur ouvert». Certains vont jusqu'à reconnaître que c'est la première fois qu'ils ont pu «se dire» de cette façon. Dans l'entretien préalable, le formateur ne se pose donc pas en «juge» du bien fondé de la demande de formation, il s'y trouve en «témoin» de cette démarche, ce qui lui permet d'être celui qui suscite la lucidité du candidat sur lui-même. Etant entendu que le travail de formation constituera le creuset où chacun, à la mesure de son engagement, trouvera réponse à sa quête personnelle. Réponse qui peut d'ailleurs — cela arrive — éloigner quelqu'un de sa démarche première pour le conduire vers un but plus approprié à son désir et à ses capacités.

Il arrive que des formateurs ne veuillent pas eux-mêmes assumer les entretiens préalables préférant ne rien connaître des participants ou craignant de se voir juge et partie. D'autres au contraire, estiment gagner du temps lorsqu'ils ont pu préalablement cerner quelques traits relatifs aux personnes qui feront partie de la formation. Dans le chef du formateur, il s'agit donc d'un choix parfaitement légitime et respectable dans l'un et l'autre cas.

Chapitre 3 *L'écoute*

La vie, les choses, les gens, les jours qui passent,
la mort qui vient, les nécessités, les circonstances,
les hasards, les amis perdus et retrouvés,
les douleurs, les moments de grâce,
les visages de l'amour,
et tous les jours les choses à faire,
et l'amour du silence, et la parole,
s'il se peut, pour toujours, la vie.

Maurice BELLET [1]

La première balise de la formation s'inscrit dans l'ÉCOUTE. Beaucoup a été dit et écrit à ce sujet, reste une question à l'état endémique : ***qu'est-ce que l'écoute ?*** La formation n'a pas la prétention d'apporter la réponse ou tout au moins une réponse univoque. À question vertigineuse, il ne saurait être répondu dans la limite des mots. Mais peut-être est-ce pour cela — en l'absence de réponse au vertige — qu'il faut une formation ?

1. M. BELLET, «L'épreuve», Desclée de Brouwer.

- Une formation pour n'avoir plus à chercher les réponses où elles ne sont pas ! C'est-à-dire dans des recettes, des réponses toutes faites, des discours prêts à l'emploi !
- Une formation non pour ***avoir*** de l'écoute, une formation pour ***être*** à l'écoute ; en manière telle que l'écoutant, ne se faisant que écoute, donne à celui qui parle de pouvoir toucher à l'essentiel de lui-même.

Ordre et progression sont à respecter dans la formation pour que la trame de ce travail s'inscrive dans une continuité qui a un début et une fin, l'entre-deux relevant de la flexibilité du groupe. En effet, si la formation offre un apport de connaissances, elle est plus largement orientée vers l'expérience que les participants ont à faire de leurs réactions face à la vie et à la mort. Leur implication dans la formation va donc crescendo, ce qui d'une part justifie une certaine répartition du travail et d'autre part interdit une programmation rigide.

FORMATEUR

Tout l'art du formateur est donc de «saisir la balle au bond», autrement dit de «susciter» l'efficacité du projet et du travail de formation, sachant que le déroulement de la session dépend aussi des motivations du groupe et des résistances qui s'y logent.

Les présentations

Une démarche — parmi d'autres — dans l'apprentissage de l'écoute consiste à proposer aux participants qui, en début de formation ne se connaissent pas, de se rencontrer deux par deux, chacun se présentant à l'autre de la manière qui lui est propre. Les motifs qui les ont amenés à la formation constituant le plus souvent un point fort de leur échange. Au bout de quelques minutes, tous les participants se rassemblent et dans le duo chacun présente l'autre au groupe reconstitué. Rectifier une erreur, souligner un trait, relever un oubli, affiner ce qui est rapporté reste toujours possible pour celui dont il est parlé.

FORMATEUR

De cette façon aussi le formateur indique d'entrée de jeu — d'entrée de formation — qu'il n'est pas le pivot du groupe ; que des prises de paroles se font sans lui ; qu'un travail s'accomplit entre participants ; qu'il n'est pas de hiérarchie au sein du groupe et que les relations qui s'y forment sont d'un autre type que les habituelles relations institutionnelles, professionnelles et familiales.

Cette manière de présentation constitue déjà un exercice d'écoute au cours duquel il s'agit d'être attentif à ce qui pour chacun est important dans ce qu'il livre de lui-même. Cette présentation liée à un effort d'écoute et de transmission permet aussi au formateur un premier repérage des capacités relationnelles dans le groupe.

Les questions et les attentes

Connaître les attentes et les questions de chacun est un préalable indispensable à l'efficacité de la formation.Elles permettent de découvrir dans quelles réalités s'enracinent les motivations des participants, leurs relations avec les malades et les mourants, leur projet professionnel, bénévole, familial ou autre.

FORMATEUR

Peu importe que les attentes exprimées, les questions posées se présentent dans un désordre subjectif et dans d'inévitables répétitions. Telles quelles, elles constituent pour le formateur le canevas de la formation.
À lui par la suite d'y mettre la progression et la cohésion utiles au travail.

Sont ici rapportées pêle-mêle des questions qui se répercutent dans la majorité des formations :

— Face au mourant, que dire, que faire, comment être ?

— Les étapes vers la mort, comment les interpréter ?

— Comment aider à mourir ?

— Que répondre à la famille qui pose des questions, comment l'aider ?

— Comment accepter la déchéance ?

— Qu'est-ce qui facilite le travail de deuil ?

— Comment accepter l'impuissance ?

— Comment se présenter à un patient renfermé, qui refuse le dialogue ?

— Comment être moi-même sans parler de moi ?

— Le problème de la vérité, comment l'aborder
  - quand le malade ne sait pas ce qu'il a
  - quand la famille veut le protéger ?
  - quand le malade sait et n'en parle pas ?
  - quand la famille ne sait pas ?
  - quand malade et famille savent mais ne communiquent pas ?

— Comment aborder la souffrance des jeunes ?

- — Quel est le processus du pardon ?
- — Comment écouter sans tout prendre sur soi ?
- — Comment parler à la famille en deuil ?
- — Comment se préparer soi-même à la mort ?
- — Comment se ressourcer ?
- — Quelle attitude vis-à-vis de la demande d'euthanasie ?
- — Que faire de nos différences dans l'ordre moral, spirituel,religieux ?
- — Faut-il s'attacher ?
- — Comment surmonter l'angoisse ?
- — Comment se défaire du besoin de tout de suite réparer, consoler, apporter une solution, conseiller ?
- — Quelles sont les peurs que l'on se cache ?
- — Comment mettre ses limites sans blesser ?
- — Comment savoir que j'ai bien écouté ?
- — Comment ne pas avoir peur des médecins et de la hérarchie institutionnelle ?
- — Comment être en paix avec sa propre conscience devant certaines pratiques et certaines indifférences face au malade et au mourant ?
- — Comment guérir ma peur d'avoir peur en entrant dans la chambre d'un grand malade ?
- — Comment être face à un malade dans le coma ?
- — Que faire si je ne comprends pas ce que veut exprimer un malade trachéotomisé ?
- — Les soins palliatifs, qu'est-ce que c'est exactement ?

FORMATEUR

Certaines questions en amenant d'autres, chacun est libre de les affiner, d'en préciser le contenu, d'en ajouter d'autres. Par la suite, le formateur rassemblera les questions par thèmes et en informera le groupe afin qu'il sache l'usage qui sera fait de ses interrogations, échos de nombres de vécus personnels et professionnels.

Les peurs

Outre que les peurs font l'objet de nombreuses questions de la part des participants, une manière d'aider ceux-ci à s'investir dans la formation, à créer un climat de confiance réciproque, à débloquer leurs résistances, à faire l'expérience d'une forme d'égalité entre eux tous, est de donner droit de parole à… leurs peurs !

N'importe quelles peurs, sans honte et sans retenue!
Le sens de ce travail est pour chacun de prendre conscience de la peur comme d'une composante de ses résistances à prendre la parole (individuellement ou en groupe), à reconnaître ses émotions, à se risquer dans l'expression de soi et par conséquent dans l'écoute.

En effet, pour se mettre à l'écoute d'autrui, il importe d'avoir soi-même vécu l'expérience d'être écouté. Seule manière de saisir (saisir c'est plus que savoir) ce que parler signifie et ce que écouter veut dire!
«Moi, je suis du côté de l'écoute» disait quelqu'un qui par ailleurs manifestait sa réticence à parler d'elle. Incrédule quant à l'affirmation que pour se tenir «du côté de l'écoute», il faut avoir été «du côté de la parole», cette participante en fit l'expérience convaincante en cours de formation.

Un travail de réflexion et de prise de conscience sur le rôle subtil et souvent inconscient que jouent nos peurs dans notre écoute de l'autre, s'avère indispensable dès le début de la formation. D'où un exercice qui est loin d'être neutre puisqu'il oblige chacun à ouvrir les caches de ses peurs en répondant à des questions précises qui portent sur les peurs gênant la vie personnelle, professionnelle et jusqu'à l'écoute.
Ce travail se faisant individuellement ou en sous-groupes, selon la préférence des uns et des autres, une restitution aura lieu dans le groupe rassemblé.Elle ne portera pas sur l'énoncé des peurs, encore que les participants qui le souhaitent puissent en parler. En règle générale et lors des exercices à forte implication personnelle, il n'est pas nécessaire — sauf en cas d'utilité reconnue de tous — de répéter devant tout le monde ce qui s'est dit et livré en sous groupes de deux ou trois personnes.

La restitution portera sur la signification du travail, à savoir ce que cela fait de nommer nos peurs, ce qu'elles nous apprennent sur nous-mêmes et comment elles infiltrent notre écoute d'autrui ?

Quelques réponses parmi d'autres :

- *En lien avec soi*
  - Cela me fait du bien de dire mes peurs, c'est un soulagement même si cela ne résoud pas les problèmes.
  - Je veux clarifier ma peur centrale d'où partent les autres.
  - En disant mes peurs, je perds un peu de la peur de moi.
  - Peur du gendarme, de l'autorité…
  - Cela me soulage d'entendre que les autres aussi ont des peurs.
  - Cela me surprend, mes peurs!

— Peur du vide, de la solitude, de l'imprévu, de la perte.
— Les peurs n'ont pas d'âge, elles dépendent toutes de moi, je devrais lâcher prise !
— De les dire, ça les rend plus lourdes et plus légères à la fois.
— Le partage fait du bien, c'est la 1e fois.
— J'ai découvert que j'avais peur d'avoir peur.

- *En lien avec l'écoute*

— Reconnaître mes peurs m'ouvre à moi-même et donc à l'autre.
— Dire mes peurs c'est une vidange, un oxygène qui va me rendre plus disponible, plus écoutante.
— Écouter c'est une façon de donner, d'aimer, d'être solidaire, entre autres des peurs des autres. Mais il faut connaître les siennes.
— Est-ce que l'on se consolide en fuyant ses peurs ? L'on s'endurcit plutôt, je crois ?
— J'ai peur de la dépression et du coup j'éprouve des difficultés à écouter les personnes dépressives.
— La peur que je dis cache la vraie peur que je ne dis pas. Est-ce que c'est la même chose chez les autres ?
— Est-ce que l'écoute c'est répondre à la demande de l'autre ? J'ai peur d'être tarte, de ne pas être à la hauteur.
— C'est la première fois que je dis mes peurs, cela va-t-il m'apprendre à écouter ?
— Je ne comprends pas le lien entre mes peurs et l'écoute.

FORMATEUR

Les participants ayant été sollicités de dire leurs peurs «sans honte et sans retenue», il va de soi que le formateur ne fait aucun commentaire. Il veille simplement à ce que les participants se sentent en confiance et hors tout sentiment de culpabilité (comme s'il n'était pas permis d'avoir des peurs !).

Aux questions posées, des réponses seront apportées en cours de formation par les exercices et par les participants eux-mêmes.

Se savoir et se sentir écouté

Pour comprendre ce que écouter signifie et pour celui qui s'exprime et pour celui qui écoute, il importe d'accorder le concept d'écoute avec l'expérience personnelle. À savoir, quelles conditions faut-il pour que nous nous sentions écoutés ? Quelles attitudes de l'écoutant suscitent notre parole ?

Sont rapportées ici quelques réponses et réflexions significatives lors de la restitution en groupe :

— Le regard est vital, c'est un moyen de communication.

— Besoin de sentir l'empathie.

— Que mes silences soient reçus.

— Que l'écoutant respire tranquillement.

— Me sentir en harmonie avec celui qui m'écoute.

— Besoin d'être branchée sur moi-même, il y a un climat et un environnement pour cela.

— Être écouté dans ma colère.

— Que l'écoutant manifeste son écoute par un signe, une reformulation, une question, une précision.

— Quand l'écoutant me répond au niveau de mes questions.

— Je me sens entendu par les personnes avec lesquelles je peux ne rien dire.

— Quand parler me fait exister.

— Quand il n'y a pas des «tu dois», des «il faut».

— Parler et se dire, c'est différent.

— Que l'écoutant sache me renvoyer à moi-même.

— Que je sois deviné dans ce que j'ai à dire, jamais jugé.

— Que l'écoutant entende ce que je ne dis pas.

— Qu'il ne m'interrompe pas pour me donner ses conseils et ses explications.

Voilà qui en dit long sur ce qu'attend de l'écoutant celui qui parle! Que ce soit rapporté par les participants eux-mêmes revêt une importance majeure : par le biais de leur propre expérience et de leur propre désir, ils nomment les critères de l'écoute, du moins quelques uns de ceux-ci :

- *L'empathie et ses divers signes qui suscitent la parole.*
- *La reformulation qui manifeste l'attention de l'écoutant.*

- *L'acceptation de l'autre, tel qu'il est en sa parole ou en son silence.*
- *La nécessité de rejoindre l'autre là où il en est avec lui-même.*
- *L'absence de jugement, pas de conseils hâtifs, pas interrompre.*
- *Les questions genre « enquête » prohibées.*
- *Laisser la décision à celui qui parle, « se dit ».*

Bien qu'encore imparfaitement cernés, ces critères ou signes ouvrent déjà **la voie royale de l'écoute : celle qui donne à celui qui s'exprime le pouvoir d'exister, de s'entendre dire ce qu'il dit, de se comprendre,** ce qui est indispensable à toute remise en question de soi et à la « guérison » d'une peine à vivre, à aimer, à… exister précisément.

Les participants n'expriment rien d'autre que ce désir de retrouvailles aimantes avec eux-mêmes ; ils demandent à être devinés par l'écoutant, à être entendus jusque (surtout !) dans ce qu'ils ne disent pas, à se sentir en harmonie avec qui reçoit leur parole. C'est dire que l'écoute est le lieu d'une demande d'amour et que cette demande engage l'écoutant. Il y répond par le seul désir qui peut être le sien : ***que l'autre soit !***
Ce n'est pas affaire de sentiment, il peut même arriver que l'écoutant n'éprouve pas de sympathie, nul ne pouvant aimer tout le monde ! Mais le désir que l'autre soit, au-delà des sentiments personnels, c'est un amour bien réel que quelqu'un traduisait ainsi : *« Je me sens écouté quand parler me fait exister » !*

La capacité d'écouter est liée à la capacité de se dire

Autrement dit, l'écoute ne dépend pas d'une science, d'une technique, d'un savoir, comme s'il fallait d'abord les acquérir et qu'ensuite l'écoute viendrait ! (Il arrive que des personnes envisagent la formation dans cette optique. L'entretien préalable les en dissuade). L'écoute a sa source ailleurs, à preuve que le pas de « l'écouté » vers sa propre vérité se fait le plus souvent sans que lui et l'écoutant ne sachent trop comment.

Quelqu'un parle, quelqu'un écoute et ça bouge, ça vit, ça se dit, ça va de l'avant. Encore faut-il que l'écoutant ait pour lui-même fait l'expérience des ressacs de sa parole, du poids des mots au vif de lui-même.
C'est à l'expérience d'un lien entre la capacité de se dire et celle d'écouter que le formateur invite les participants en leur proposant un exercice qui

porte sur la difficulté de parler de soi, sur la qualité de l'écoute et sur l'observation silencieuse où est réprimée la tentation d'intervenir.

> Il est donc une personne qui prend la parole, dit ce qui maintenant l'habite : bonheur, souffrance, difficulté, questions…
> L'écoutant a pour seul objectif de faciliter l'expression de celui ou celle qui lui parle.
> La troisième personne est dans un rôle d'observateur qui voit, entend mais n'intervient pas.

Cet exercice «plonge» les participants dans une double expérience, celle de se dire et celle d'écouter, où se révèlent d'une part les critères de l'écoute abordés précédemment et où s'ouvrent d'autre part de nouvelles voies vers l'écoute.

Il est une fois de plus hautement significatif que les participants qui ont pris la parole soulignent :

- *Le bien que cela leur fait de parler : certains disant que c'est la première fois, d'autres rapportant les interdits d'une éducation qui voulait qu'ils «gardent pour eux leurs sentiments».*
- *Qu'ils ont apprécié de se sentir écoutés sans jugement, sans être interrompus, sans recevoir d'injonctions dans le style «tu dois», sans autre manifestations que l'empathie de l'écoutant.*
- *Par contre, certains ne se sont pas sentis rejoints dans ce qu'ils éprouvaient; ils se sont plaints de ce que l'écoutant «positivait à tout crin», au point que dans cette écoute, il n'y avait pas de place pour leur «ressenti».*

Côté des écoutants :

- *La difficulté d'écouter sans intervenir est unanimement relevée.*
- *La majorité des écoutants voudrait proposer des solutions ou dans tous les cas apporter quelque chose qui «sauve»!*
- *La confusion entre l'écoute explicite et l'écoute implicite est apparue plusieurs fois.*
- *Le sentiment d'impuissance est vécu comme quelque chose de dévalorisant pour les uns, de culpabilisant pour les autres.*
- *La question est posée de savoir à quoi cela sert-il d'écouter si l'on ne peut rien «faire».*
- *L'envie d'intervenir avec sa propre expérience et ses propres solutions.*

- *La tentation de dédramatiser, de positiver, de conseiller.*
- *La difficulté d'écouter sans comprendre les tenants et les aboutissants de l'« histoire » racontée.*

Côté des observateurs :

- *La plupart émettent les mêmes réflexions, difficultés et tentations que les écoutants.*
- *La transmission de leurs observations est chez la plupart imprégnée de leurs sentiments personnels*
- *La difficulté d'observer sans juger rejoint la difficulté d'écouter sans juger.*

Il y a lieu de relever et de compléter plusieurs éléments apportés par les participants, qu'ils aient été « écoutés » ou « écoutants ».

FORMATEUR

C'est donc le moment pour le formateur de «prendre la balle au bond» et de faire en quelque sorte s'effondrer les édifices du savoir et les résistances du pouvoir illusoirement attachés à l'écoute.

Ni discoureur ni théoricien, le formateur «utilise» les échanges entre participants lors de la restitution dans le groupe, pour poser des questions qui permettent les clarifications indispensables et l'émergence de ce qu'est l'écoute, d'ailleurs souvent en découvrant ce qu'elle n'est pas ou ne doit pas être.

À titre d'exemple : lorsqu'un participant exprime un vécu personnel ou professionnel difficile et que dans le groupe quelqu'un intervient en lui prodiguant des conseils, en lui proposant des solutions voire en faisant directement référence à sa propre expérience, le formateur, conscient de l'inadéquation de l'écoutant piégé par son besoin d'efficacité immédiate, va en quelque sorte «profiter» de ces erreurs pour souligner ce que l'écoute ne doit pas être !

Mais plutôt que de se mettre en situation de juge ou de pourfendeur des erreurs d'autrui, le formateur interrompt les deux interlocuteurs et demande à celui qui s'est exprimé s'il s'est senti écouté. Si oui, comment et si non, pourquoi !

Souvent précédé par un membre du groupe dont la critique est acceptée par tous, le formateur peut alors se contenter de faire référence à l'écoute telle qu'elle aurait dû être.

Dans un cas comme celui-ci, la réponse fut instructive et permit les rectifications qui s'imposaient. *« J'ai été noyé de conseils, d'avis et de suggestions » !*

Les silences

Les moments de silence font partie du «se dire». Ils sont à respecter et non à interpréter, faute de quoi l'écoutant est tenté d'intervenir, de questionner, de «faire» quelque chose qui remplisse ce vide ou bouscule ce non-dit. L'interprétation est en thérapie.

FORMATEUR

Le formateur, même s'il est thérapeute, se garde de l'interprétation, du moins de son énoncé et dans tous les cas pas à ce stade du travail de formation.

Néanmoins, si le silence perdure, une question qui n'est pas signe d'impatience ou de curiosité, peut prendre place dans le creux du silence et rejoindre l'autre dans son vécu ici et maintenant. Par exemple : «Que ressentez-vous en ce moment ?». Que dit votre silence ?».

L'accueil au non-dit est une des mesures de l'écoute. En quelque sorte, l'écoute de l'écoute.

Les questions

La «reformulation» soulignée à plusieurs reprises par les participants, est un des signes de l'«entendement» de l'écoutant. Loin de n'être que la répétition des mots prononcés par l'écouté, la reformulation, en relevant le sens d'un mot apparu significatif, est une manière d'ouvrir la voie de la compréhension de soi et du changement. De même une certaine manière de poser des questions adéquates ouvre d'autres perspectives.
Adéquates elles le sont quand elles favorisent l'expression de soi, l'émergence d'un vécu qu'il soit positif ou négatif, quand elles permettent «d'aller plus loin», comme disent les participants. Ce sont des questions dites «ouvertes».

Les questions sont inadéquates, envahissantes, mal venues et mal perçues quand elles émanent d'un écoutant qui cherche à remplir les vides; à meubler un malaise, le sien ou celui de l'autre; quand il croit devoir dire ou faire quelque chose! Ces questions sont dites «fermées». De même sont fermées, les questions qui mettent celui qui parle en demeure de répondre par oui ou par non, sans plus.

L'explicite et l'implicite

C'est d'ailleurs lorsque l'écoutant croit devoir faire, dire, apporter, sauver, combler que son écoute est comme barrée! Ici se situe la confusion entre l'écoute explicite et l'écoute implicite, soulignée par des participants qui ne se sont pas sentis rejoints dans leur vécu.

Écouter une histoire, surtout une histoire de vie (ou de mort) ou écouter la personne qui raconte cette histoire sont deux attitudes différentes et comparables à celles du médecin qui soigne la maladie, en omettant de prendre soin de la personne atteinte de cette maladie-là ! L'écoute explicite se fixe sur l'histoire, son cadre, ses avatars, ses détails pratiques. Cela souvent au détriment de l'écoute des sentiments sous-jacents au récit.

L'écoute implicite, sans omettre le récit qu'éclairent les faits, s'attache en priorité au vécu subjectif et psychologique de la personne qui expose son histoire. Être écouté, c'est d'abord être rejoint dans sa subjectivité, détour nécessaire pour atteindre l'objectivité utile.

De l'histoire qui est racontée, l'écoutant retient et interroge le ressenti sous-jacent à l'histoire. Certes, il écoute l'histoire qui éclaire un contexte ayant son importance, mais il s'arrête au vécu intérieur de ce contexte, afin d'ouvrir à l'écouté la voie du «se dire» et se comprendre.

L'impuissance...

Le besoin qu'ont certains de «sauver» l'autre, de lui offrir une solution, de lui apporter un conseil, de lui faire part de sa propre expérience dans une situation similaire, de «positiver à tout crin» comme disait quelqu'un, tout cela fait partie d'une bonne volonté (ah ! la bonne volonté ennemie de l'écoute !) qui ignore ou veut ignorer l'affrontement incontournable de l'écoutant à son impuissance, pourtant signe de son humanité, mais de son humanité en bute à la limite et à la finitude.

La question de l'impuissance et des sentiments d'inutilité et de culpabilité qu'elle lève revient en boumerang dans toutes les formations à l'écoute. Les amalgames impuissance et culpabilité, impuissance et résignation, impuissance et méfiance de soi et de l'autre, sont à eux seuls le signe de la résistance à nos limites humaines, à nos finitudes et au bout du compte à notre mortalité. À quoi des participants rétorquent : il faut alors laisser tomber les bras et ne rien faire ?

La question n'est pas de faire ou de ne pas faire, elle est de se mettre en état d'écoute «sans rien» ! Faire ou ne pas faire interviendra, si nécessaire, après l'écoute. Sans rien ? C'est-à-dire sans interprétation, sans système de références, sans comprendre, sans soupçonner, sans projet, sans solution, sans méthode, sans technique, sans procédure, sans enseignement.

Mais alors, à quoi sert donc une formation à l'écoute s'il n'est besoin de rien pour écouter ?

Précisément la formation, parce qu'elle fait appel à l'être plus qu'à l'avoir, enseigne que pour écouter, il faut sortir l'écoute de l'épaisseur de l'activisme, de la puissance, du rendement, de la satisfaction, de la productivité !

« Si je ne peux rien faire qui aide ou rien apporter qui solutionne, à quoi sert d'écouter ? » demande une participante. *« Moi, quand je suis impuissante, c'est comme si je ne donnais pas quelque chose que je devrais donner »* disait une autre.

... et sa contrepartie : la culpabilité

Réflexion significative de ce que le sentiment de culpabilité naît ici du projet de comprendre, de solutionner, d'avoir l'énergie qui dissiperait le mal... L'impuissance comme réponse à ce projet oblige aux remises en question qui fondent la qualité d'une écoute. Car l'impuissance parle, démontre et, oh ! surprise, construit !

Elle parle de nos limites, de nos ambiguïtés, de nos étroitesses, des sécrétions de notre angoisse de vivre et de mourir, de nos manques et de nos manques de moyens pour, précisément, sauver autrui de ce qui en lui nous ressemble.

L'impuissance démontre que notre capacité à écouter se mesure à la capacité que nous avons de reconnaître les limites, les ambiguïtés et les manques que nous portons. Elle nous accule d'une certaine façon à nous accepter dans nos états limites alors qu'il y a en nous les plus grandes et les plus vastes aspirations, les plus légitimes aussi. C'est bien de ces deux extrêmes que naît la culpabilité de ne pas donner quelque chose que nous pourrions donner ou de ne pas faire pour l'autre quelque chose que nous pourrions faire ! Plus encore, à oser ce questionnement sur nos sentiments de culpabilité, il arrive à l'impuissance en laquelle nous nous sentons de démasquer l'image que nous voulions donner d'une écoute ou d'une aide sans failles, souci de nous-mêmes finalement plus présent que le souci d'autrui.

Comment construit-elle, l'impuissance ? En nous laissant comprendre que la délivrance de nos sentiments de culpabilité est à trouver dans l'acceptation non complaisante de soi-même. Acceptation qui n'est pas à confondre avec la résignation, celle-ci conduit au défaitisme voire à la mésestime de soi par conséquent installe une culpabilité endémique.

L'acceptation quant à elle ouvre la voie du perfectible, au contraire du parfait illusoire.

Que faire de son impuissance ?

Question posée et à laquelle chacun, le plus souvent, rattache une histoire qui lui est personnelle. L'exploration de l'impuissance et du sentiment de culpabilité qui la plupart du temps l'accompagne, reste une tâche thérapeutique. Néanmoins, dans la mesure où l'impuissance et la culpabilité produisent un amalgame qui nuit grandement à l'écoute, la formation ne peut faire l'économie d'un travail sur la nécessité, pour qui se met à l'écoute, de renoncer à tout pouvoir sur l'autre, ce qui ne signifie pas le désintérêt des solutions possibles.

L'impuissance que ressent l'écoutant ne tient pas seulement aux réalités d'une plainte, d'un appel qui lui sont confiés et auxquels il n'a pas de solution à offrir, celle-ci appartenant au sujet de l'histoire. L'impuissance loge aussi et surtout dans la trame d'une écoute qui est piégée dès lors que l'écoutant demeure dans son savoir, son projet, son programme pourrait-on dire !

«Je ne suis pas arrivé à le faire parler» regrettait un participant, tandis qu'un autre se demandait *«Comment faire pour sortir un malade de ses plaintes répétitives ?»*. En travaillant ces deux situations dans un jeu de rôle, la question fut posée de savoir si nous nous mettons à l'écoute pour la réalisation de notre projet ou pour l'accueil à l'autre ? Nous pouvons dès lors comprendre que le sentiment d'impuissance de l'écoutant est proportionnel au pouvoir qu'il croit devoir exercer ou au projet qu'il désire mener.

Sans doute n'est-ce-pas la moindre des exigences de l'écoute qu'elle nous oblige à interroger notre rapport à la limite, au manque, au deuil, à la mort. Il n'y a pas lieu de s'en effrayer mais bien de comprendre que quoi que nous désirions «faire» pour autrui, en tant que professionnel ou bénévole, cela implique le renoncement à notre propre élan, lequel se justifie de vouloir aider, conseiller, soutenir, faire du bien et faire le bien… de l'autre ! Est-ce dire que même le bien de l'autre ne peut être l'objectif de l'écoutant ? Le travail de formation va traduire cette aspiration légitime (comme s'il y en avait une autre !) dans une optique plus ouverte. Optique qui ne change rien au bien voulu à l'autre, mais en modifie grandement la trajectoire : *vouloir que l'autre veuille son bien*.

L'impuissance n'est plus alors ce mur infranchissable, source d'une culpabilité qui n'est telle que par le jeu de l'illusion du pouvoir et de

l'immortalité. Illusion qui, en effet, maintient un sentiment de culpabilité puisque, comme disait une participante, *« c'est comme si mon écoute ne faisait pas pour l'autre quelque chose qu'elle pourrait faire »!* L'impuissance reconnue et acceptée devient ce qui ramène l'écoutant à la source de son désir d'écouter : saisir chez lui-même et chez l'autre que sa seule chance de vivre une vie de qualité est d'en assumer la finitude.
De celle-ci peut naître la passion de la vie…

En nous mettant à l'écoute, nous « faisons » beaucoup pour l'autre; il arrive que nous « soyons » beaucoup pour lui, mais nous ne l'empêchons ni de peiner en sa vie, ni de mourir en son temps. À nier cette réalité entre lui et nous, nous élevons nous-mêmes le mur de notre impuissance. À la reconnaître, nous construisons pierres sur pierres, paroles sur paroles, avec les silences et les impuissances comme interstices, notre solidarité avec cet autre en son humanité.

L'impuissance, pierre d'achoppement fréquemment soulevée en formation à l'écoute, exige un travail de réflexion et de remise en question de soi que la formation n'aborde pas de front, mais qu'elle intègre tout au long de sa durée dans des exercices qui vont croissants et aboutissent à ce que écouter signifie! Pour l'écoutant et pour l'écouté, le commencement chaque fois d'un bouleversement, d'un lâcher prise, d'un questionnement dont ni l'un ni l'autre ne savent quelle brèche cela va faire dans leurs évidences! Une chose est certaine, car elle apparaît sans exception en cours de travail de formation, c'est que le sentiment d'impuissance, lorsqu'il a été mis sous l'éclairage du renoncement à se vouloir ou à se croire tout pouvoir, ramène à une écoute qui se tient toujours du côté où l'on peut vivre!

Les émotions, comment les gérer ?

L'émotion donne la mesure de la rencontre de soi avec soi. L'impudeur de cette mesure est possible pour les uns, impossible pour d'autres. Mais dans l'un comme dans l'autre cas, l'émotion dit quelque chose de l'intérieur de soi, de l'intérieur de l'intention qui nous habite, de l'intérieur du dit comme du non-dit.

Il est des éveilleurs d'émotion, il est des éteignoirs. Il est des capteurs de l'émotion, il est des videurs. Mais il se condamne à se cacher indéfiniment celui qui croit pouvoir se mettre à distance de ce qui ne peut pas se mettre à distance.

Les participants parlent :

— L'émotion exprime un nœud, pour s'en défaire il faut parler.
— J'ai toujours entendu : «Tu aurais mieux fait de te taire».
— Les émotions m'étouffent, c'est trop fort.
— On peut aussi parler pour se cacher.
— Avec l'émotion, une bêtise devient un drame.
— C'est la manifestation des émotions qui me fait honte, pas l'émotion elle-même.
— Peur de transmettre mes émotions aux autres.
— Dans l'écoute, elle peut être un frein ou une aide.
— J'ai toujours appris qu'il fallait les maîtriser.
— J'essaie d'utiliser mes émotions mais pour cela il faut lâcher prise.
— Plus je les laisse sortir, mieux ça va.
— Je me laisse atteindre le moins possible.
— Dans l'écoute, je fais abstraction de moi.
— Je ne montre pas mes émotions.
— Tantôt je les cache, tantôt je les vis, tantôt elles éclatent
— Les émotions, c'est la vie.
— Dans l'écoute, ne faut-il pas les cacher ?
— S'il faut dire ses émotions, où allons-nous !

L'empathie

Au gré des échanges dans le groupe, fusent alors des mots porteurs d'interrogations : empathie, écoute bienveillante, neutralité. L'empathie et la neutralité nécessaire ne s'opposent-elles pas ? Mais la neutralité ne devient-elle pas de l'indifférence ? À quoi rétorque quelqu'un : «L'écoutant ne va tout de même pas se mettre à pleurer avec la personne qui lui parle !»

Se mettre à l'écoute, c'est se mettre en empathie. Ce n'est affaire ni de sentiment ni de volonté. C'est affaire de choix, celui de se mettre à l'écoute. L'empathie crée et vérifie l'unité entre le désir d'être écoutant à cet instant avec telle personne et le désir qu'à cet instant cette personne se sente exister. Encore faut-il que l'écoutant ait précédé l'écouté dans cette expérience et qu'il ait pu dénouer l'impact des émotions dans son histoire et dans sa manière, bien à lui, de les vivre comme des alliées, et non comme des obstacles. Obstacles, elles interfèrent dans son écoute. Alliées, elles la soutiennent à la bonne distance.

FORMATEUR

Néanmoins le travail de formation n'est pas celui de la thérapie, même s'il est des aspects de la formation qui sont thérapeutiques. Certains types d'émotions ne peuvent donc, dans les limites de la formation, être repris et «travaillés» en groupe. D'où, encore une fois, l'importance dans le chef du formateur d'avoir une expérience thérapeutique ou dans tous les cas une solide formation qui lui permette avec facilité et réelle empathie d'éviter des débordements qui seraient mal vécus et mal gérés dans le cadre restreint du travail de formation à l'écoute.

Dans un groupe où, de manière consciente et voulue, il est parlé de vie et de mort, émergent de véritables sentiments propulsifs, lesquels, parce qu'ils sont écoutés (pour la première fois, disent certains) permettent à ceux qui les expriment de quitter le non-dit et d'envisager la réalisation qu'intuitivement ils sont venus chercher dans la formation : la réalisation de leur désir de comprendre l'écoute, son sens, son utilité, son ouverture à la vie et à ce qui est inévitable, la mort.

Les valeurs,cloisonnement ou ouverture ?

Il reste que l'écoute ouvre sur un continent immense où les différences entre les interlocuteurs foisonnent, différences entre les valeurs des uns et des autres, entre leurs idéaux et les moyens mis en œuvre pour les réaliser.

D'où la question : quelles incidences ont sur son écoute les valeurs vécues et défendues par l'écoutant ?
En principe, valeurs et convictions de l'écoutant ne devraient pas interférer dans son écoute, celle-ci se voulant hors normes. Mais entre la théorie et la pratique, l'écoute rencontre des écueils, ceux-là mêmes qui sont inhérents à nos émotions, à nos priorités personnelles et professionnelles. Par exemple, l'écoute des proches engendre plus facilement des conflits de valeurs, des confrontations émotives que l'écoute des personnes extérieures à nos liens affectifs. Il reste que les bases de l'écoute demeurent identiques. Raison pour laquelle la plupart des participants soulignent que venus en formation pour apprendre à écouter les personnes malades, en souffrance et en fin de vie, ils ont par surcroît appris l'écoute de leurs proches.

Nous trouvons ici quelques réflexions amenées par des participants :

— Je suis sûre de mes valeurs, je n'en changerai pas.

— S'il s'agit de différences sociales, cela n'a aucune importance.

— Peu importe qu'il soit lépreux ou non.
— Parfois en tant qu'écoutant j'ai envie de dire à l'autre qu'il ne doit pas penser comme ça !
— Je préfère me taire, peur du rejet…
— Quel est le chemin pour s'accorder à la différence de l'autre ?
— Il y a plus d'affinités quand on est sur la même longueur d'onde.
— Quand je suis sûre du bien fondé d'une valeur, j'ai envie de l'inculquer à celui ou celle que j'écoute.
— Quand des sentiments d'affection existent, c'est beaucoup plus difficile de rester neutre dans l'écoute.
— Quand j'écoute des personnes qui répètent tout le temps les mêmes plaintes, j'ai envie de leur dire de s'occuper un peu moins d'elles-mêmes et un peu plus des autres ! Mais je dois me taire.

Quel est le chemin pour s'accorder à la différence de l'autre, demande quelqu'un ? La question sous-tend-elle qu'une voie existerait qui devrait neutraliser les différences ? Les différences sont des données naturelles mais imprévisibles et l'écoute d'autrui porte le risque souvent éprouvé d'entendre les différences comme si elles étaient des flèches. A l'écoutant de ne pas en faire des armes contre son écoute, mais des signes qui lui indiquent où sont les points d'ancrage mais aussi les blessures de celui ou celle qui s'exprime.

L'éthique de l'écoute n'est pas de se taire ou de parler, de juger ou d'acquiescer, elle est de laisser l'autre venir à notre écoute pour qu'il puisse, s'il le désire, la remplir de ses mots, de ses valeurs, de ses choix, les siens ! Les mots qui précisément disent la différence, la solitude, l'abandon, la répétition, le doute, bref son humanité en mal d'harmonie et de bonheur. Il est vrai que l'écoute entend parfois de douloureuses absences de bonheur, mais à celui ou celle qui ose les dire, l'écoute offre des balises à trouver au vif de lui-même et de son espérance.

L'écoute est sans statut, sans morale moralisante, sans religion. C'est en cela même qu'elle se constitue comme écoute non oppressive et non normative, mais néanmoins elle demeure sous l'égide de la règle qui soutient l'éthique de l'écoutant : ***tu ne nuiras pas***.

PARCOURS

REPÉRAGES, APPRENTISSAGE, COMPRÉHENSION

Quatre journées de formation pour comprendre l'écoute et ses implications ne constituent qu'un préambule, mais il n'est pas anodin. Quatre journées séparées par un intervalle d'une à deux semaines installent une durée utile à la réflexion, aux prises de conscience et à la vérification des changements que la formation a engendrés dans la pratique de l'écoute.

Il s'est agi d'acquérir non un savoir faire de l'écoute mais un savoir être à l'écoute, lequel se développe à travers des vécus, et pas seulement à travers des idées. En effet, si la formation offre un apport de connaissances, elle est plus largement orientée vers la découverte et la compréhension par chaque participant des éléments de son écoute et de ses réactions au cours de celle-ci.

La première journée passée, toutes les autres commencent par un tour d'horizon qui permet à chacun de faire écho à ce qui de la journée précédente lui reste, ce qui a facilité ou rendu plus difficile son écoute en général ou professionnellement, ce qui lui a permis ou non de mettre en pratique ses acquis et lesquels. Cette sorte de «météo intérieure» permet d'intégrer dans le travail de formation et dans la vie du groupe les réflexions survenues, voire les démarches personnelles accomplies qui ont suivi telle journée ou de manière plus délimitée, tel exercice, tel jeu de rôle, telle remise en question. Ce que l'on peut appeler «les effets-retard» d'un travail de formation dont l'efficacité après coup s'inscrit dans la durée. [1]

Il est d'indispensables règles à annoncer et qui portent sur la discrétion appliquée à chacun dans le groupe et à plus forte raison au formateur lié par le secret professionnel; sur le droit à l'erreur inhérent à la démarche qui consiste à vouloir apprendre et comprendre; sur la possibilité qu'a chaque participant de demander un entretien avec le formateur au sujet de tout problème personnel soulevé par ce qui aurait été vécu ou dit en formation.

1. Mourir, ultime tendresse, Jocelyne Chanceaulme - Joubert, Ed. Pierre Mardaga, 1990.

FORMATEUR

Enfin, chaque fois que le formateur l'estime nécessaire à la compréhension et à l'efficacité du travail de formation, le contenu de celui-ci doit être clarifié ou re-clarifié. En effet, un risque de distorsions ou d'insatisfactions peut se glisser entre les attentes (illimitées) des participants et les réponses (limitées) du formateur ; entre les phantasmes qui courrent dans le groupe (tout savoir et tout maîtriser) et la réalité des objectifs de la formation (les limites et la mortalité).

Le repérage de ce qui gratifie les participants ou au contraire de ce qui leur pose difficulté, voire problème, est en soi un élément hautement formateur, à partir duquel les hésitations des uns, les erreurs des autres, les craintes de tous, entre autres de ne «pas être à la hauteur» ne s'inscrivent plus dans une notion d'échec mais dans le processus de compréhension de soi et de changement ouvert par la formation.

Au terme de ce premier module de formation consacré particulièrement à l'apprentissage et à la compréhension de l'ÉCOUTE, la parole est à une participante :

«Avant, j'étais satisfaite de mon écoute quand j'avais pu faire parler l'autre, lui prodiguer les conseils que j'estimais bons pour lui, lui présenter une panoplie de solutions prêtes à l'emploi, l'assurer de ses droits et de ses devoirs.
Aujourd'hui que j'ai compris l'aberration de ce type d'écoute (je ne suis pas la seule à l'avoir pratiqué!),
je ne cherche plus à faire parler,
je ne juge plus,
je ne conseille plus,
je ne donne plus de recettes,
je ne moralise plus,
je ne fais plus d'écoute,
je suis à l'écoute.
Tant que je voulais «faire» quelque chose, j'étais hors écoute, mue par mon projet sur la vie et les sentiments de l'autre.
Mais avant de comprendre tout ça!...
Et l'ayant compris, de le mettre en pratique!...
Au fond, je faisais de l'écoute nombriliste, point c'est tout. Alors que pour écouter il faut me quitter, au moins le temps de l'écoute, pour permettre à la parole de l'autre de trouver son logement en mon oreille...
C'est pas rien comme changement, heureusement que la formation continue!

(évaluation reçue par lettre)

Le jeu de rôle

Le jeu de rôle est un outil privilégié dans la formation. Néanmoins il fait peur. L'implication de soi dans une situation donnée, sous les regards attentifs si pas scrutateurs de plusieurs personnes, a de quoi intimider ! Et quand on sait que l'évaluation du jeu de rôle portera en grande partie sur les points faibles voire les erreurs décelés par les observateurs, l'on peut comprendre certaines réticences à entrer dans ce travail. Néanmoins, ceux qui se sont prêtés à cette expérience reconnaissent que le jeu de rôle leur a «beaucoup appris» et aucuns regrettent de s'y être engagés.

Dans cette formation à l'écoute du plus souffrant, le jeu de rôle consiste à«jouer» une situation de vie en rapport avec le sujet traité. Il n'est nullement nécessaire d'être doué pour le rôle d'acteur, moins encore de chercher à réaliser une performance en art dramatique. Par contre, une certaine capacité à s'ouvrir au vécu d'autrui, à essayer de se mettre à sa place (mais non prendre sa place !) sont nécessaires au déroulement du jeu de rôle et à ses objectifs, lesquels visent principalement l'articulation des sentiments et des attitudes entre celui qui s'exprime, questionne, se dit et celui qui est à l'écoute.

L'intérêt du jeu de rôle porte sur l'analyse des affects et des comportements dans une situation précise et amenée par les participants eux-mêmes. Dans «mort, deuil, séparation» il est indispensable que le jeu de rôle émane d'une situation vécue par un participant, autrement dit, que cet exercice difficile se situe dans le vif d'un vécu raconté ici et maintenant, et non qu'il soit artificiellement mis en scène sur proposition du formateur qui aurait dans la besace de son savoir et de son expérience des «jeux prêts à l'emploi !». Il importe aussi que les «acteurs» de ce travail le soient volontairement.

Par ailleurs, le jeu de rôle a pour effet de stimuler le groupe, de le pousser à écouter et à observer avec intérêt, un intérêt qui n'est pas fait de curiosité mais du souci d'apprendre et de comprendre ce que parler et écouter signifient. Plus encore, le jeu de rôle permet aux observateurs de se projeter dans les situations «jouées» et de la sorte, prendre conscience de leurs propres réactions face à ce que pensent, ressentent et vivent d'autres personnes sous leurs yeux.

Enfin, le jeu de rôle permet souvent de présenter une situation de façon plus vivante, plus actualisée, plus «travaillée» qu'une discus-

sion ou des échanges dans le groupe qui eux, risquent la rationalisation ou la conversation.
Par contre, le jeu de rôle est inefficace lorsque les objectifs à atteindre sont trop complexes et à chercher dans une «histoire» trop éloignée de la formation en question. Ici, l'usage du jeu de rôle se limite à des situations précises et sans recherche thérapeutique proprement dite, quand bien les effets puissent être thérapeutiques par surcroît.

FORMATEUR

Il s'agit donc d'un «travail» qui exige du formateur une animation alerte, ferme et précise.

Il arrive que les «acteurs», pris par leurs propres affects oublient le sujet du jeu de rôle et partent dans un vécu différent de celui qui avait été prévu. Ce peut être la preuve qu'ils ont spontanément quitté la scène où ils ne faisaient que jouer le rôle qu'ils s'étaient attribué, pour entrer davantage en eux-mêmes et traduire une réelle manière, pour l'un de se dire, pour l'autre d'écouter. Le jeu de rôle le plus efficace n'est-il pas finalement celui qui entraîne les acteurs à s'oublier comme acteurs pour devenir sujets de leur vécu, de leur dire, de leur écoute ?

Marie [1], aide soignante dans un home pour personnes âgées, se propose de répéter les propos tenus par une vieille dame «pas plus malade que ça» : plaintes répétitives, mécontentement continuel, reproches adressés à tout le monde, au point que Marie finit par éviter d'approcher cette pensionnaire et, quand elle y est obligée, elle «en fait le moins possible».

Françoise, bénévole dans une institution hospitalière, accepte de prendre le rôle de Marie, auprès de la vieille dame.

L'objectif de ce «travail» est triple :

– Se situer en lieu et place de la vieille dame, reprendre ses propos toujours les mêmes, voilà qui pourrait entraîner Marie à dépasser la barrière qu'elle a mise pour se protéger du découragement et de la monotonie qu'engendrent à la longue les plaintes répétitives.
  Peut-être qu'en parlant «comme» la vieille dame, pourra-t-elle saisir ce que cachent et renferment les «maux» qui se livrent au travers de ces «mots», sans fin les mêmes ?

1. Prénoms d'emprunt.

- Écoutée par Françoise, Marie découvrira très probablement une autre manière d'être auprès de la vieille dame.
- Quant à Françoise, elle s'affrontera à la question qu'elle posait au cours de la formation : comment entendre les propos répétitifs ?

Au bout de quelques minutes, il devient évident que Marie a quitté la scène prévue et que les propos qu'elle tient ne sont plus ceux de la vieille dame, mais les siens au cœur de son vécu avec sa vieille maman, dans une relation devenue difficile. Françoise n'a d'autre choix que d'écouter Marie telle qu'elle se dit.

FORMATEUR

Le formateur laisse le jeu de rôle se dérouler le temps utile, il y met fin non arbitrairement mais lorsque les propos de Marie commencent à découvrir une relation familiale dont la complexité n'a pas sa place dans la formation.

L'analyse ultérieure du jeu de rôle tel qu'il s'est déroulé — analyse faite avec les acteurs et les observateurs (le groupe) — conduit Marie à comprendre qu'en passant de la vieille dame qu'elle «imitait» à sa vieille maman hémiplégique avec qui la relation est «épuisante», elle vit un amalgame de sentiments d'impuissance et de situations où «tout est tout le temps à recommencer, où rien n'aboutit». D'avoir fait ce transfert de l'une à l'autre, conduit Marie à saisir que les plaintes sans cesse répétées recouvrent des souffrances sans cesse refusées et donc non-entendues ! Et Marie elle-même de commenter : *«C'est comme pour les deuils non faits, ils s'additionnent si bien que le deuil récent est grossi de tous les autres. Les plaintes répétitives doivent sûrement être grossies de bon nombre de souffrances additionnées et non-entendues !»*. Et de conclure : *«Je crois que je vais aborder ma vieille dame autrement !»*.

Quant à Françoise, dont l'écoute fut, selon ses dires «un peu chahutée par le changement de cap de Marie», après analyse de son «ressenti» et des échanges dans le groupe, elle en vient elle aussi à une conclusion efficace : *«J'étais partie pour écouter des plaintes monotones et j'ai entendu la souffrance d'une fille impuissante à sauver sa maman hémiplégique. Ça m'apprend qu'il ne faut pas aller à l'écoute avec une idée préconçue sur ce que l'on va entendre, qu'il ne faut pas avoir de projet sur l'autre et moins encore pour l'autre. Au fond, pour écouter, il faut être démuni !»*.
Et Marie de conclure : *«il n'y a pas plus démuni que le malade et on le voudrait conforme aux canons de la bonne santé !»*.

Lors d'un jeu de rôle tout peut arriver ! Une émotion très personnelle et très vive peut affleurer contre toute attente et surtout contre la volonté de l'acteur.

FORMATEUR

C'est au formateur à gérer les implications diverses, parfois inattendues, d'un exercice de haute voltige mais qui ne se fait pas sans filet de protection et de réception, de par l'attitude à la fois permissive et ferme du formateur, conjuguée avec la solidarité du groupe.

Dans la formation «mort, deuil, séparation» les jeux de rôles se déroulent en fonction des besoins (besoins d'élucidation), des désirs (désirs d'aller plus loin), des attentes en général explicites (attentes d'aide) dans le groupe. Ils ont pour fonction d'éclairer des réalités mises en jeu : le pourquoi et le comment des relations avec soi-même et par conséquent avec les autres. Enfin, il est des jeux de rôle qui servent à introduire un travail de formation. À titre d'exemple : aborder la question de l'euthanasie peut se faire par le biais d'un jeu de rôle qui met en relief l'écoute d'une demande d'en finir avec la vie. Demande dont le jeu de rôle va d'emblée souligner la complexité et situer le travail à suivre dans une réalité d'abord entendue, observée et vécue par tous dans le groupe.

D'autres jeux de rôle trouvent mieux leur place à la suite d'un exercice, ils donnent alors la mesure de ce qui a été assimilé ou non lors du travail qui a précédé, ils mettent en exergue ce qui a été compris ou non précédemment et permettent les clarifications qui seraient encore nécessaires.

Lors d'un contrôle médical, Louise [1] *vient d'apprendre une récidive de son cancer. À peine rentrée chez elle, le téléphone sonne. Son amie Martine propose de venir la chercher pour visiter avec elle une exposition. Secouée comme elle l'est, Louise raconte ce qui lui arrive.*

L'évaluation de ce jeu de rôle a permis à Martine de mesurer sa propension à écarter d'emblée «le pire», à se vouloir sauveur et encourageante au point de se rendre sourde à l'angoisse de son amie. Le rappel des critères de l'écoute a donc été nécessaire.

Le jeu de rôle est un outil de travail qui permet de trouver des mots et des gestes adéquats, il ouvre des repères et met l'écoute en action. Pour celui ou celle qui s'y implique, ce «travail» est très généralement bénéfique, ceux qui s'y prêtent ne manquent pas de l'attester.

---

1. Prénoms d'emprunt.

Chapitre 4 *Face à soi-même*

«Le seul *fait* d'être vivant nous porte immédiatement au plus *difficile*, les liens que nous nouons dès la naissance, dès la première brûlure de l'âme au *feu* du *souffle*, ces liens sont immédiatement *difficiles*, inextricables, déchirants.
La vie n'est pas chose raisonnable.
On ne peut, *sauf* à se mentir, la disposer devant soi sur plusieurs années comme une chose calme, un dessin d'architecte.
La vie n'est rien de prévisible ni d'arrangeant.
Elle *fond* sur nous comme le *fera* plus tard la mort, elle est *affaire* de désir, et ce désir nous voue au déchirant, au contradictoire… »

Christian Bobin, «La plus que vive»,
Gallimard 1996

Une formation à l'écoute qui se contenterait de «vendre» du mieux-être, du développement personnel, de l'aisance à aborder et entendre autrui, deviendrait rapidement un leurre.

L'on se trompe à prétendre aux idées avant d'avoir été à soi-même. Une certaine confrontation avec soi oblige les rationalités à perdre leurs défenses ou dans tous les cas, à se sentir en porte à faux!

Qui suis-je ?

Dans la formation à l'écoute de ce trio incisif qu'est **«mort, deuil, séparation»**, il vient donc un moment où «comprendre» requiert un pas de plus que précédemment : **l'entrée en soi-même**. C'est-à-dire le rapport que chacun exerce avec lui-même dans le doute, l'épreuve, le manque, l'échec mais aussi dans la réussite, la paix, le bonheur. Autrement dit, **«qui suis-je ?»** dans le dédale de tous les jours de mon existence ?
Arrivé à ce stade de formation, chacun peut plus aisément situer ses forces vives en même temps que ses vulnérabilités, les unes et les autres au service de l'écoute, entre autres l'écoute des personnes en souffrance, malades et en fin de vie.

Travail très marquant qui engage chacun dans des voies qu'il a déjà explorées ou, au contraire, dont il découvre la nouveauté pour lui. La prise de parole dans le groupe est très éclairante pour tous, chacun entendant et trouvant chez les autres des échos de lui-même, mais aussi des différences incontournables. Dès lors, la tolérance n'est pas d'éviter et de passer sous silence des divergences entre participants, mais bien pour chacun de s'affirmer tel qu'il est, avec ce qu'il croit, ce qu'il ressent, non pour l'imposer aux autres, mais pour éclairer, au-delà des différences et à cause d'elles, divers rapports à la vie, au deuil, à la mort. Une parole sur le ***«qui suis-je ?»*** rattache une expérience individuelle à celle du groupe dans son ensemble et relance l'écoute des participants entre eux. Travail de formation sur le fil de la thérapie qui conduit à des prises de conscience largement évoquées par les participants eux-mêmes.

FORMATEUR

Le formateur n'a donc pas à induire une dimension thérapeutique autre que celle apportée sciemment par les participants. Néanmoins il pose les questions qui peuvent relancer la réflexion de chacun.

Ce passage dans la formation étant un moment au cours duquel émergent les sentiments et les comportements, il arrive fréquemment que ces prises de conscience s'accompagnent de sentiments de culpabilité. La réaction du formateur est donc capitale, d'autant plus que par sa position de leader et par le jeu des mouvements transférentiels qui essaiment dans le groupe, il est plus ou moins attendu de lui une sorte d'appréciation, un peu comme le jugement moral de celui qui précède le groupe parce qu'il est censé «savoir»! Or le formateur n'a pas à culpabiliser, pas davantage à déculpabiliser, il a à permettre l'expression des difficultés des participants, à aider ceux-ci à en comprendre les raisons, à en éclairer les incidences éventuelles dans la fonction d'écoutant. Au surplus, les sentiments de culpabilité inconscients ont seulement à être entendus par le formateur, sans intervention de sa part.

Il est dans tous les cas significatif que l'ampleur de notre humaine réalité se laisse ouvrir et toucher par ce travail où bonheurs et souffrances se côtoient, et se disent !

Sans entrer dans le vif des situations et des sentiments qui affleurent au cours de ce questionnement, et s'élaborent durant plusieurs heures consécutives, il importe de relever certains éléments propres à tous les individus dans le groupe en formation.

- La difficulté d'allier le soi profond et le rôle tenu par soi.
- Le lien induit par l'éducation entre vulnérabilité et culpabilité. Dans la mesure où le participant a précédemment compris le lien erroné entre impuissance et culpabilité, il saisit rapidement en quelle contrainte le met l'amalgame vulnérabilité-culpabilité.
- Le «carcan» de l'éducation familiale, scolaire, religieuse voire sociale est souvent évoqué. Certains disent :*« Une chape mise sur moi par l'éducation ».*
- L'émotion de retrouver en son âge adulte l'enfant que l'on a été et que l'on reste pour une part, heureux ou malheureux, ou les deux.
- La nécessité de ne pas ou de ne plus étouffer l'enfant en soi, source et force de la créativité.
- L'étonnement pour certains de découvrir l'importance de leur besoin de justification, de reconnaissance, mais surtout d'impeccabilité sans laquelle ils ne se croiraient pas «aimables».
- La découverte, d'ailleurs teintée de culpabilité, d'un certain intérêt à être ouvert, généreux, aimant dans l'espoir d'obtenir la réciproque.

La parole des uns et des autres sur ces processus issus de besoins et de désirs fondamentaux de l'être humain, de même l'écoute du formateur au vif des sentiments exprimés (ou parfois tus !) amènent chacun à des prises de conscience qui lui sont propres.

- Je dois me réconcilier avec l'enfant qui demeure en moi.
- C'est en parlant que j'arriverai à faire le tri entre mes besoins et mes désirs.
- Pour pouvoir donner aux autres (à mes enfants) ce que je n'ai moi-même pas reçu, je dois oser regarder mes manques.
- Je n'ai pas besoin de la faiblesse de l'autre pour me sentir fort.
- La confiance en moi passe par l'acceptation de moi.
- Penser que tout ce qui arrive est de ma faute, c'est me croire un pouvoir.
- La culpabilité, ça ronge inutilement.
- Personne ne s'attend à ce que je sois parfaite, sauf moi.

Une formation doit tenir l'épreuve du temps, d'où l'exigence en laquelle elle se veut : **faire émerger le fond** ! Ce qui conduit les participants, la plupart d'entre eux dans tous les cas, à reconnaître que la formation, avant de changer leur écoute, a changé «quelque chose» à l'intérieur d'eux-mêmes.

Mourir…

Une formation qui s'ouvre sur «mort, deuil, séparation» ne saurait faire l'économie de l'approche de la mort. Mais, tant que nous en restons à **l'idée de la mort**, nous nous situons en quelque sorte dans le déni de la mort. L'idée nous permet de la maintenir à distance de soi.

Quant à **la réalité de la mort,** elle échappe à notre connaissance, à notre vocabulaire. Nous en parlons par intuition et à l'intérieur du labyrinthe de notre subjectivité. Même les témoignages (pourtant crédibles) sur «la vie après la vie» tombent dans le domaine du mystère.

Reste **l'approche de la mort,** lieu de tous les sentiments et de tous les questionnements qui nous habitent, ainsi qu'en témoignent les participants, lorsqu'ils expriment le désir de ne pas être seuls quand viendra «le moment»; de ne pas souffrir ou le moins possible; d'avoir le temps de parler, de pardonner, d'aimer, d'embrasser; quelqu'un invoquait le temps de se faire belle; de se mettre en paix avec soi et les autres. Mais se disent aussi l'angoisse et la peur de l'inconnu, de l'insaisissable, de l'indicible, de la douleur incontrôlable, de l'abandon, de l'image détériorée de soi, d'un lâcher prise sans recours, d'un face à face avec l'énigme de la finitude.

Il ne s'agit donc pas de se livrer à des réflexions philosophiques, mais de cerner nos sentiments et nos comportements face à l'irréductible de la mortalité. Une parole au sujet de «**La mort**», avant d'être une parole quant à «**Ma mort**», est demandée aux participants. Par exemple sous forme d'un dessin. Comme pour s'obliger à lui donner un contour, une couleur, une forme, une réalité. Dessins souvent significatifs d'une manière de tenir la mort à distance, de la parer de beauté, de lui donner les couleurs de ce qui n'est pas la mort. D'autres représentations, plus réalistes, témoignent de la «grande faucheuse» comme disent certains, chacun commentant son dessin. Poussière d'étoiles, jardins en fleurs, noir d'un tunnel; faisceaux de chaleur, yeux qui pleurent, montagne et son escarpement; dame et sa faux, oiseau léger, lignes et courbes! Il ne s'agit là que d'un exercice d'approche, à mi-chemin entre «l'idée» de la mort et «la réalité» de la mortalité.

Une parole proche de «**MA mort**» mène à des questions plus incisives et à des réponses parfois plus hésitantes, quand il s'agit de cerner ce qui au creux de soi dit non et dit oui à la mort, d'exprimer ce que provoquent à l'intérieur de soi des sentiments de perte, de regrets, d'injustice. Interpellés par la question : «*Si j'avais le choix, comment est-ce que je souhaiterais mourir ?*» certains participants décrètent qu'ils n'ont pas à entrer dans cette interrogation puisque le choix ne leur sera pas donné. Ne pas répondre est une manière pour eux d'échapper à leur réalité humaine, mais peut-être aussi de prendre conscience que chacun meurt comme il peut. La plupart cependant répondent selon leur conception de vie et les expériences heureuses ou malheureuses qu'ils ont faites personnellement ou professionnellement, lors d'accompagnements de personnes en fin de vie.

Peur, angoisse, doute, révolte, mais aussi sérénité, espérance, acceptation constituent en chacun un amalgame de sentiments. Il est donc clair que la formation à l'écoute du malade et du mourant ne conduit pas ici à une idéalisation de la mort et de son approche. Toute idéalisation relèverait de l'illusion que l'on peut guérir de la mort! Or l'acte de mourir est sans solution humaine!

Aussi, au nom du déni et de l'illusion, que d'ambiguïtés dans les revendications concernant «la qualité de la vie», comme si la qualité étant assurée, la mort allait pouvoir être mise en échec! Ce serait alors le concept même de la vie qui serait remis en cause. Il faut donc savoir ce que l'on invoque par «qualité de la vie» lorsque celle-ci est finissante. Les équipes palliatives à l'hôpital et à domicile sont à ce sujet exemplaires d'une intégration de la réalité de la mort dans la réalité de la vie, au sens où la qualité de la vie s'enrichit du réel. Un réel dont il est «pris soin» faut-il le dire!

Mais n'y a-t-il pas lieu aussi de se poser la question d'une qualité de la vie lorsque celle-ci bat son plein ? La mort n'est pas inhérente à la maladie, à la vieillesse, à l'accident, elle l'est au fait de vivre! Le travail de formation nous interpelle, participants et formateur, sur ce que nous avons fait et faisons de notre qualité de vie dans notre acquiescement à la mortalité. **L'on ne peut à la fois forger sa qualité de vie et nier ce qui en assure le prix**!

Travail important que celui qui nous éloigne du déni et de l'illusion, pour nous rapprocher de notre humanité et par le fait même de celle d'autrui. Faut-il souligner qu'il ne s'agit pas pour autant de chercher à aimer le périssable, à accepter passivement n'importe quelle limite, à se délier du désir de vivre! Comme disait quelqu'un :*«Je déteste la souffrance et la mort mais j'aime qu'on m'aime!»*. Et d'ajouter à l'issue de ce travail sur le «mourir» :*«Je déteste toujours la souffrance et la mort. J'aime toujours qu'on m'aime. Mais quelque chose bouge en moi : je me sens devenir mortelle et, oh! contradiction, je me sens aimer plus et mieux la vie. Mais est-ce contradictoire ?»*

La douleur du deuil

Les participants sont invités à évoquer un deuil vécu, puis un deuil qu'ils ne voudraient jamais avoir à vivre! Quant à comprendre comment leurs deuils interfèrent dans leur écoute, dans leur manière d'accompagner autrui ou d'en «prendre soin», c'est une interrogation essentielle, inhérente au travail de formation. Cependant, l'on ne parle pas du deuil et à fortiori de la douleur du deuil à partir de concepts théoriques, même s'il est vrai qu'une théorie existe et qu'il est d'excellents ouvrages qui traitent ce sujet. Les composantes du deuil restent toujours personnelles, individuelles, non comparables.
Le deuil est une expérience complexe qui intervient dans toutes les circonstances où la mort nous enlève un être aimé, d'une manière ou d'une autre un être proche. Mais aussi dans toutes les circonstances où nous sommes contraints par une réalité soudaine ou prévisible d'abandonner la réalisation d'un désir, fût-il le plus légitime : abandonner une conception personnelle de la vie, du bonheur, de l'amour, de la réussite, de la santé, de la mortalité pour chercher autre chose à quoi nous n'avions pas pensé, à quoi nous n'étions pas préparés, à quoi nous voulions justement échapper ou que nous pensions ne jamais nous arriver!

Le deuil est donc cette frange d'insatisfactions, de pertes, de malheurs, de souffrances — parfois d'horreurs — par quoi le réel nous blesse et nous tient.

Tout deuil s'inscrivant dans une histoire propre à chacun, des participants témoignent :

— N'ayant pas d'enfants, je ne sers à rien, deuil cruel.

— Mon pire deuil serait l'échec de mon couple.

— Deuil du père que je n'ai pas eu.

— Mon pire deuil : ne plus espérer!

— Deuil de mon maître : l'alcool !
— Le deuil du deuil peut conduire à la joie.
— Le deuil du pouvoir sur la vie.
— Le deuil relatif à l'acceptation de l'impuissance.
— Mon pire deuil : la perte d'un enfant.
— Le deuil d'un savoir sur la vie après la vie.

Le premier moyen que nous ayons pour nous soulager de la douleur du deuil, ce sont les larmes et les mots. Le second moyen, c'est le travail de deuil, autrement dit la reconnaissance et la traversée des sentiments qui nous habitent, parfois nous hantent.

Douleur et travail de deuil ont besoin d'un espace où ils puissent se dire et s'élaborer. Ce qu'il importe de comprendre, c'est que dans la douleur d'un deuil récent, se faufilent les douleurs de deuils antérieurs lorsque celles-ci ont été refoulées, non dites, anesthésiées ou que nous croyons les avoir dépassées parce qu'elles ont été occultées par l'urgence de continuer à vivre, à travailler. C'est ainsi que les deuils non faits s'additionnent et qu'arrive un moment où l'addition se fait trop lourde. Il en résulte la déprime voire la dépression, la tristesse et la nostalgie qui nous écorchent l'âme, et jusqu'à des effondrements sans proportion avec le vécu immédiat.

— Le deuil de ma maman, catalyseur d'autres deuils.
— Pas fait le deuil du divorce de mes parents. À mon âge et maman moi-même, je me promène dans la vie comme une écorchée.
— Envie de tuer tout le monde pour que personne ne souffre plus.
— Chaque fois que je vis présentement un deuil, que ce soit celui d'une personne, d'un animal, d'une attente, d'un « truc » apparemment anodin, ce sont des tas de deuils et de regrets passés qui me reviennent, comme un boumerang.

La douleur d'un deuil récent libère donc souvent un « paquet » de douleurs passées et présentes qui se réveillent les unes les autres, se substituent les unes aux autres et finissent par occulter toute possibilité d'espérance, de reconstruction, de réparation, en un mot, de vie.

— Le deuil n'est jamais fini, c'est toujours à recommencer.
— Il n'y a pas de solution au deuil.
— Qu'est-ce qui m'empêche d'être vivant malgré tout ?

— Ça empêche l'écoute, ces deuils répétés dans la mémoire.

— Toutes ces morts de personnes que j'aime !

Beaucoup de personnes prises par la réalité quotidienne (il faut bien que la vie continue… il y a les enfants et le boulot…) cherchent à faire silence sur leur douleur. Mais le silence n'est pas ici, comme dans d'autres circonstances, le signe d'une sérénité retrouvée, il est le produit d'un effort pour dissimuler la tristesse et maîtriser la douleur du deuil.

Le travail de deuil

Les étapes qui constituent le travail de deuil sont en général connues des participants, mais de manière théorique. Ils ne font pas « vraiment » le lien entre ce qu'ils savent et ce qu'ils vivent ou ont vécu. Les interroger au sujet de ces étapes ; leur demander de les nommer, non dans l'ordre stéréotypé de la théorie mais selon leur expérience personnelle ou professionnelle ; leur proposer une parole proche de l'étape qui leur est la plus familière est une manière de leur indiquer qu'à une personne donnée correspond un deuil donné.

Le choc et le déni, l'émotion et l'anesthésie sont d'autant plus percutants que la mort est inopinée. Et pourtant, l'approche d'un décès prévisible, parfois la longue attente d'une mort annoncée nous laissent aussi sous le choc d'une réalité à laquelle il nous est pénible de croire, infiniment pénible ! Ces sentiments mélangés et inextricables d'émotion et d'anesthésie relèvent de processus de défense et de survie dont, dans un premier temps, nous avons besoin pour supporter la perte. « À la mort de mon père, je n'ai pas versé une larme » disait quelqu'un, non sans ressentir de la culpabilité. Cette mise à distance de l'émotion qui déconcerte l'endeuillé et choque son entourage est une manière inconsciente de se préserver d'une douleur trop intense. D'ailleurs il n'est pas rare que, plus fortes que l'anesthésie temporaire, des décharges émotionnelles surgissent plus tard. Le travail de deuil se fait dans les soubassements de la douleur, avec les résistances qui s'y logent et les contradictions inhérentes à notre humanité.

Arrive le temps de la recherche et du souvenir. La recherche d'un visage dont nous craignons qu'il s'estompe, le souvenir de paroles et de gestes du défunt, comme pour que rien ne nous échappe. Certaines personnes cultivent leur deuil par peur d'oublier, car oublier serait perdre une seconde fois… Il ne s'agit pas d'oublier, il s'agit de ne pas enfermer sa vie dans la mort de l'autre. C'est au Docteur Christophe Fauré que nous devons cette belle et juste formule : «Le travail de deuil mené avec soin se porte garant du non oubli» [1]. C'est dire que la perception que nous voulons garder du défunt n'est pas affaire de mémoire mais manière d'intégrer le souvenir dans le travail de deuil.

Les semaines et les mois ont passé, le «jamais plus» s'installe peut-être avec moins de bruit mais avec son cortège de solitudes. Les routines de la vie quotidienne et des devoirs vitaux semblent avoir pris le dessus sur les pics émotionnels. Alors que nous croyons le travail de deuil plus ou moins révolu — et c'est vrai qu'il a fait son œuvre — le passé se réactive, les sentiments, les émotions, les souvenirs percent le filtre d'une histoire personnelle où rien ne sera plus jamais comme avant. **Étape de tristesse silencieuse** voire paisible qui précède l'acceptation.

Au bout de ces étapes que l'on pourrait appeler les temps forts du processus de deuil, émerge l'évidence reconnue et acceptée — devenue acceptable — qu'il est possible de vivre, de vivre sereinement voire avec bonheur sans faillir au souvenir du défunt. Un an, trois ans, dix ans ou peut-être davantage, c'est quand nous avons acquis la capacité d'inscrire la perte (n'importe quelle perte) dans l'histoire de notre vie, que nous pouvons comprendre la nécessité et le bénéfice du travail de deuil que nous avons laissé nous buriner. Comprendre pour soi-même ce qu'est le travail de deuil, sorte de gestation déjà présente dans la vie courante, au gré des manques, des pertes, des échecs petits et grands, des désillusions, c'est aussi affiner notre écoute et entre autres notre manière d'accompagner celui qui meurt et celui qui reste…

Une infirmière expliquait :*»Je n'avais jamais fait le lien entre le deuil suite à un décès et les deuils dans la vie quotidienne où ce sont un peu les mêmes étapes mais en plus rapide et en moins conscient. Je crois que dorénavant je serai plus patiente avec moi-même et j'écouterai mieux mes malades !»*. Et plus tard, elle ajoutait :
«Peut-être que je vais choquer, mais j'ai envie de dire que le travail de deuil peut devenir une chance de croissance !»

Il est significatif que même auprès de participants qui avaient perdu un enfant — deuil indicible s'il en est — ces propos, loin de choquer, reçurent un acquiescement. Mais pas n'importe lequel : *«Ce n'est pas la mort de mon bébé qui m'a fait grandir, mais le sens que j'ai pu donner à cette épreuve. C'est un cheminement qui a pris des années !»*

---

1. Vivre le deuil au jour le jour, Ed. Albin Michel,1996.

Travail de deuil, travail d'écoute, travail de formation, concept étrange que ce mot «travail» qui sonne dur et pourtant libère le meilleur de la tendresse en chacun, s'il le veut, s'il le peut, s'il acquiesce à la vie, jamais étrangère à la mort…
Au terme de ce travail de réflexion sur la douleur du deuil et son incidence sur l'écoute, commentaire d'une assistante sociale en institution hospitalière :

«Je vais devoir écouter autrement». Et à la question de savoir pourquoi autrement : *«Je croyais que les deuils fermaient la vie, je me rends compte que c'est tout le contraire!»*

Les «*affaires*» non terminées

Dans sa progression, la formation constitue une sorte de creuset où viennent s'engouffrer les scories des deuils que nous croyons illusoirement avoir menés à terme, et auxquels le travail de formation apporte souvent un éclairage qui fait «sens».
Contraintes, absences, échecs, non-dits, doutes, manques, relations difficiles ou coupées constituent nos «affaires non terminées»! Or, le quotidien et ses contingences ne facilitent pas la réflexion au sujet de nos «dossiers en souffrance», comme disait quelqu'un. Mais quand une circonstance extérieure et délibérément voulue, telle la formation, vient rappeler les interrogations inhérentes à nos choix de vie et relationnels, la question du sens que nous donnons à «mort,deuil,séparation» se trouve à nouveau posée.

Les participants ont la possibilité d'ouvrir ou de rouvrir un «dossier» laissé en friche. À deux et en intervertissant les rôles, il s'agit tour à tour de parler et d'écouter. Difficulté de l'exercice : celui qui prend la parole s'exprime devant l'écoutant comme si ce dernier était la cible du dossier en souffrance. Ce qui suppose que l'écoutant se prête à recevoir une histoire et des sentiments dont il ne saisira pas nécessairement les implications et de plus il évitera d'interrompre celui qui parle.

Les échanges qui suivent entre les participants réunis ne portent pas obligatoirement sur le contenu, ce qui s'est dit à deux pouvant rester dans la confidentialité. Par contre ils soulignent le bienfait d'ouvrir certains non-dits personnels et d'en parler sans la crainte d'être interrompu et d'avoir à fournir des explications.

— Rouvrir mon dossier non terminé, ça clarifie les situations embrouillées.

— Cela me fait beaucoup de bien, je décide de vivre ma vie de femme.

— Je me rends compte que ma vie se passe dans un « c'est dommage ».
— Je vois que les affaires non terminées peuvent devenir terminables.
— Tout compte fait ce que je croyais fini n'est pas si fini que ça...
— Je parle rarement des choses qui me touchent.
— Je suis pleine de reproches et je le vois maintenant.

Il est significatif que nombre de dossiers touchant à la mère, au père, aux enfants devenus adultes, parfois à des échecs dans l'ordre professionnel, à des frustrations toujours, s'articulent autour de l'amour, de l'abandon des illusions, des séparations, des limites humaines, de la solitude, de la réhabilitation et du pardon, donné ou reçu.

Autre objectif de ce travail : se mettre à l'écoute d'autrui, c'est entendre les battements d'une vie vécue ici et maintenant, et pas nécessairement d'en comprendre les rythmes ; il suffit de les percevoir. Si nous sommes sourds, nous le sommes à cause de nos discours préparés à l'avance, rationnels et moralisateurs. C'est eux, nos discours, qu'il nous faut dépasser, dissiper pour pouvoir écouter la vie simple et difficile, douce et tragique, longue et fugitive de l'autre, pareil à nous-mêmes, et pourtant si différent, tellement autre !

— Quand l'écoutant n'interrompt pas, les mots peuvent aller dans tous les sens, le »dire » n'est pas stoppé.
— J'ai dû me freiner pour ne pas poser des questions, je ne comprenais pas tout.
— Difficile de se mettre à l'écoute comme un « serviteur inutile ».
— J'avais envie de lui exprimer que j'entendais sa souffrance.
— Pas aimé ce travail quand j'étais l'écoutante, je vivais mes souffrances en même temps qu'elle me parlait des siennes.
— Pas nécessaire de comprendre, seulement être là.

Au chevet du malade et du mourant

Sur le chemin de la maladie, de la vieillesse et de la fin de vie, les *« affaires non terminées »* peuvent se transformer en boules d'angoisse, de culpabilités et de regrets, soulignent les soignants qui ont expérimenté combien il peut parfois être difficile et désarmant pour eux d'être la cible des sentiments négatifs et des frustrations de leurs patients. À cet égard le travail sur les « dossiers en souffrance » et particulièrement la modalité de l'exercice qui fait de l'écoutant la cible des affects de l'autre, sensibilise particulièrement les soignants aux transferts de sentiments de leurs patients. Transferts négatifs mais aussi transferts positifs que les soignants ont à écouter sans se laisser entamer ni séduire. Se laisser séduire revient ici à se croire indispensable, ce qui rend la relation soignant-soigné particulièrement lourde. Au surplus, la détérioration du corps, la cassure de l'image de soi, l'angoisse existentielle qui en résulte, le changement de relation avec soi-même et avec les autres, le rapport au temps qui se rétrécit sont, dans un premier temps, facteurs de peurs, d'interrogations et d'agressivités que le malade adresse à son entourage familial ou soignant et, le plus souvent, à celui ou celle dont confusément il attend le plus de ré-assurance. Autrement dit, en colère légitime contre «ce qui lui arrive», il extirpe hors de lui (du moins il essaie!) une colère mêlée de tristesse, voire de sentiments d'injustice, et qu'il doit bien déposer quelque part... L'infirmière, le médecin, le proche, parfois le bénévole sont alors vivement visés et, ne comprenant pas la trajectoire que prennent la colère et l'angoisse de leur patient (mélange détonant chez nous tous, malades et bien portants!), ils se sentent injustement «attaqués»!

Comprendre ce mécanisme de défense contre la détérioration de soi, qu'elle soit d'ordre physique, affectif, moral, psychologique, saisir que cette projection sur l'autre d'une angoisse de vivre et de mourir est une tentative de reconstruction de soi ou parfois seulement et douloureusement une tentative de survie, c'est, que nous soyons soignant, proche ou autre, nous donner la possibilité de rester disponible et serein. Ce dont le malade a le plus besoin pour son propre apaisement.

Ce dont il a le plus besoin, en vérité, c'est de pouvoir dire ses fragilités de tous ordres sans que quiconque s'en serve pour affirmer sa force... son pouvoir... sa suffisance... son innocence...

Qu'en est-il du pardon ?

Il est fréquent qu'au cours de la formation, la notion de pardon soit évoquée avec plus ou moins de timidité, comme si de se mettre à en parler, c'était le plus profond de soi-même que l'on risquait d'exposer... au pardon, peut-être à l'impardonnable!

Certes, la notion de pardon était déjà présente lors de l'exercice sur «les affaires non terminées». Néanmoins, il ne s'agit pas d'en rester à la seule notion du pardon, encore faut-il en approcher la dimension dans notre vie et dans nos relations. La difficulté demeure donc de ne pas verser dans la thérapie, car la dette et le pardon jamais dissociés de la culpabilité dans le psychisme humain touchent, qu'on le veuille ou non, à l'expérience intime de chacun.

FORMATEUR

Au formateur de savoir qu'en entrant avec le groupe dans la complexité du pardon, il aura à démêler dans l'instant même ce qui relève de la formation et ce qui appartient au strict itinéraire thérapeutique, ce qui peut l'amener à signifier à un participant qu'il ne peut lui être répondu de manière satisfaisante dans l'ici et maintenant de la formation.

Le fondement du pardon, la motivation qui pousse à pardonner, celle qui conduit à demander pardon, les sentiments qui retiennent de pardonner, sont les approches et les questions proposées aux participants.

Ils répondent :

— Pardonner c'est être capable de revouloir le bien de l'autre.
— Le pardon, c'est la volonté de rétablir une relation.
— Pardonner c'est accepter que l'autre ait pu me faire souffrir.
— Si je ne pardonne pas, je condamne et fais du tort à moi-même.
— Je suis heurté par le pardon, c'est une situation qui entraîne une inégalité. Je me vois mal disant «Je te pardonne»!
— Je ne sais pas si j'ai déjà reçu des pardons, parce que je crois qu'on ne doit pas me pardonner.
— Il faut d'abord se pardonner à soi-même.
— Le pardon est une question centrale dans ma vie. Deux fois j'ai regretté d'avoir pardonné.
— Comment pardonner à la mort ?
— Le pardon, quelque chose de très difficile.
— C'est ne plus en vouloir à l'autre.
— La condition du pardon donné est d'avoir pu guérir ma blessure,seul ou avec l'autre.
— Plus facile de pardonner que d'être pardonné. Il faut une dose d'humilité.
— Le pardon est évident, mais le papier de soie une fois froissé ne peut plus être ramené à son état premier.
— Le pardon reçu ou donné, une immense joie.

Nombre de réflexions émises demandent à être reprises afin que la difficulté du pardon, qu'il soit donné ou reçu, puisse s'intégrer dans une qualité d'écoute de soi-même et de l'autre. Il ne s'agit pas de contester ce que les participants ont livré d'eux-mêmes, pas davantage de juger du bien fondé et de l'exactitude — ou non — de leurs «dires».

FORMATEUR

Simplement, dans les échanges informels qui suivent, le formateur relève les propos que l'objectif de la formation exige de clarifier. Des propos qu'il restitue au groupe, souvent sous forme de questions ou de réflexions qui poussent le débat plus loin, et dès lors ouvrent des brèches dans certaines résistances, sans pour autant «forcer» qui que ce soit et quoi que ce soit. En formation l'on n'est jamais forcé que par soi-même!

Les relations humaines sont si complexes et tellement en réactions les unes par rapport aux autres qu'elles forment une chaîne dont tous les maillons se tiennent, si bien que le pardon n'y est jamais unilatéral. Il n'y a pas «moi, je pardonne», comme si j'étais l'instigateur du pardon dans la chaîne, mais «je pardonne parce que d'autres m'ont montré le chemin du pardon».

Le pardon authentique se situe nécessairement dans une égalité rechoisie, retrouvée, dans tous les cas recherchée. Certes, dans les relations humaines, qu'elles soient personnelles ou collectives, le pardon n'est pas toujours une démarche facile, il arrive qu'il soit perçu comme étant impossible, ce qu'exprimait un participant en faisant une allusion douloureuse aux atrocités de la guerre, au totalitarisme, aux tortures, aux sévices et abus de tous ordres. Il s'agit alors d'un pardon que l'on pourrait appeler «un pardon de sagesse tragique en face de l'irréductible souffrance». [1]

Son fondement

Pour pardonner, pas d'autre issue que l'insertion dans un autre système de relations, dans une autre dimension humaine, dans un autre fondement existentiel où le pardon devient ce qui permet de dépasser le mal par le bien. Le pardon n'excuse pas, il donne à l'autre de pouvoir se pardonner à lui-même. Le pardon n'oublie pas, il donne à l'autre la possibilité de ne pas rester prisonnier de la mémoire de sa faute. Le pardon ne recèle aucun pouvoir, il donne à l'autre de renouer avec sa responsabilité. Le pardon est don par delà nos misères humaines… Ce pardon-là ne peut qu'être en lien avec le pardon reçu ou, à tout le moins, avec l'idée que nous puissions nous aussi avoir à être pardonnés. En l'absence de cette

1. Olivier ABEL, Le pardon, briser la dette et l'oubli, in *Autrement*, Avril 1991.

humilité-là, il y a grand risque que le pardon accordé à l'autre fasse de lui notre obligé !

C'est à cette clarification entre autres que conduisent en général les échanges entre participants : comprendre que le pardon s'éloigne de la condamnation et ouvre un espace, non pas à des semblants d'indulgence et d'oubli parfois impossibles, mais un espace au doute que telle personne offensante ne soit que ce que nous avons perçu d'elle ! C'est alors que celui ou celle qui est ainsi pardonné va pouvoir trouver un pardon à se donner à lui-même !

Comme le disent nombre de participants au cours de cette longue et difficile réflexion, pardonner ne va pas de soi. Ce qui suppose la compréhension des sentiments qui précèdent le pardon et sans l'humble reconnaissance desquels le pardon risque de demeurer illusoire. Il s'agit de réactions humaines à l'offense, au mal, à la méchanceté voire à la bêtise et qui sont de colère, de vengeance, de mépris, «tout sauf la capacité de revouloir le bien de l'autre», disait quelqu'un ! Or, c'est bien ces sentiments-là qu'il s'agit de dépasser dans le pardon. Mais comment ? En reconnaître les aiguillons en nous est le chemin à suivre pour nous permettre le lâcher prise de nos résistances au pardon.

Il reste à élargir la notion de pardon à ce qui est impardonnable : la mort, mais avant elle, la finitude. En effet, quelle offense plus indicible que celle de la finitude qui préside à tout ce qui naît ? Quel est alors le fondement de ce pardon-là ? Dans une session de formation à l'écoute du souffrant, du malade et du mourant, il n'y a pas d'échappatoire à cette ultime question. Non qu'il faille y donner une réponse, humainement introuvable, mais du moins faut-il poser cette interrogation qui emporte chacun dans une parole qui lui est propre.
«Quel pardon pour ceux qui ne demandent jamais pardon ?» interrogeait quelqu'un. Fort de son expérience de vie, un participant osa : *«Faut-il avoir des raisons de pardonner pour pardonner ? La mort, nous demande-t-elle pardon ? Pourtant notre qualité de vie et jusqu'à nos bonheurs tiennent au pardon que nous donnons à la mort...»*

Peut-être est-ce là le sens existentiel du pardon : ouvrir des possibles qui semblaient morts, baliser un chemin de résurrections, pour celui qui pardonne comme pour celui qui est pardonné !

Ressourcements et projets

Il n'est pas rare qu'ayant à quitter une vie que l'on désirait garder au creux de soi, des désirs et des rêves surgissent de ce creux inaliénable! C'est ainsi que des personnes instruites de l'irréversible de leur maladie voire de l'approche de leur fin, s'empressent, quand elles en ont la possibilité et la capacité, de faire un plein de vie : intensifier une relation, offrir un pardon, écrire un livre ou une lettre, étancher une soif d'amour, tenter un voyage, absorber la lumière... Surtout ne pas entrer dans le royaume de l'inconnu avant d'avoir dit adieu au connu, ne pas vouloir les égards dus au mourant avant les égards dus au vivant!

Dans un même ordre d'idée bien que dans une situation radicalement différente, ceux qui d'une manière ou d'une autre soignent et accompagnent beaucoup de personnes en fin de vie, ont eux aussi à prendre soin de leur qualité de vie, à protéger au creux d'eux-mêmes leur «vivant». D'où en cours de formation et particulièrement au terme d'une journée où mort, deuil et séparation ont été longuement évoqués, la nécessité d'un travail que l'on pourrait qualifier de «reconstructif».

Nul ne peut s'exposer quotidiennement à l'écoute, à la souffrance, à fortiori à la mort d'autrui, sans se ménager des possibilités de ressourcement. Il est donc demandé aux participants d'explorer leurs temps et leurs lieux de ressourcement. Des choses toutes simples, les choses du quotidien, émergent peut-être moins en tant que ressourcement que comme signes de vie en soi et autour de soi. Un bouquet de fleur, un chant, un bon repas, un rayon de soleil, un anniversaire, un moment de repos, une rencontre, un cadeau reçu ou offert! D'autres ressourcements sont à prendre dans un amour partagé, lors de vacances bénéfiques, auprès d'enfants aimés, dans la protection d'un chez soi, avec la lecture et la musique, au cœur de divers mouvements intérieurs à soi-même soutenus par une spiritualité, un idéal, une foi.

Évaluer la retenue ou au contraire le déploiement de leurs mouvements de vie, l'absence ou la présence des désirs dans leur quotidien, l'empressement ou non qu'ils mettent à réaliser ceux-ci, constitue pour les participants une incursion dans le «vivant» en eux, mais aussi dans le «vivant» de leur écoute d'autrui.

Dans un premier temps, projets, désirs, rêves sont nommés, sans relation avec leur caractère utopique ou réaliste.
Des désirs et des rêves qui vont du plus raisonnable au plus fantaisiste, du plus terre à terre au plus poétique! Il est significatif que les rêves les plus

fous (*«voler comme un oiseau»)* émanent de participants plus que d'autres «retenus» dans l'expression d'eux-mêmes ou contraints par une vie difficile.

« Vieillir sans rides» est une utopie, *« Vieillir en rajeunissant»* ne l'est pas autant qu'il y paraît, dans la mesure où la vieillesse va en son for intérieur à la rencontre de l'esprit d'enfance lequel relève d'une capacité à repartir toujours, repartir jusqu'au bout de l'âge, aux premiers pas de l'amour.

«Écrire un roman» pour l'un, *«s'acheter de la belle vaisselle»* pour l'autre n'a rien d'antinomique, pas plus que *«faire le tour du monde»* et *«guérir de son cancer».* Toute guérison de soi, physique ou morale, affective ou psychologique ne prend-elle pas la dimension d'un tour du monde ?...

Dans un deuxième temps, projets, désirs et rêves sont cette fois nommés en relation avec leur caractère réaliste. Ce qui met en évidence que les contraintes de la vie quotidienne avec ses engagements familiaux et professionnels font écran à nombre de projets dont les désirs demeurent en friche. L'auto-censure des rêves utopiques est prégnante, même si *«la permission de rêver»* est mise en avant. L'absence de désirs réels et réalisables est rare, mais n'est pas rare la timidité à les exprimer à haute voix :

- *peindre pour moi*
- *inviter mes beaux-enfants*
- *commencer une thérapie*
- *me trouver un lieu de vie*
- *ne plus avoir peur de faire des erreurs*
- *voyager*
- *diminuer mon travail*
- *prendre le temps de lire*
- *pardonner*
- *parler à ma mère, qu'elle comprenne ou non*
- *le grand amour*
- *Etc!*

Plus tard, certains participants feront état de la réalisation d'un projet, d'autres diront attendre, mais tous auront été interpellés par leurs mouvements de vie, francs ou timides. Ressourcements et projets balisent nos pulsions de vie, à contrario ils dévoilent nos pulsions de mort! Prendre conscience de ces mouvements inhérents à nous-mêmes devrait éclairer et donc faciliter notre compréhension de ces mêmes mouvements chez les personnes malades et en fin de vie.

PARCOURS

MEURT-ON DE PARLER DE LA MORT ?

Parler de la mort est une incontournable violence, ne pas en parler est un déni omniprésent. Dans la formation où le face à soi-même devient rapidement un face à ses résistances, où chacun est prêt à dire sa mortalité mais à la condition qu'elle ne perturbe pas, qu'elle s'intègre dans une rationalisation, dans une sorte de gestion innocente («aux innocents les mains pleines», dit-on !),

FORMATEUR

le formateur exerce un rôle important : celui de dévoilement, non de la mort mais de ce qui la voile, la relègue, la dénie.
Ce faisant, le formateur appelle à la vie, ici et maintenant.

Malraux ne disait-il pas «Je ne parle pas de la mort pour mourir mais pour vivre !». Ce qui dérange chez un malade mourant, c'est qu'il est vu comme un vivant qui meurt plutôt que d'être rencontré comme un mourant qui vit jusqu'au bout. Et pourtant c'est bien ainsi qu'il attend d'être écouté, accompagné, aimé, soigné. C'est l'opposition vie/mort qui conduit aux dérives de l'acharnement thérapeutique et de l'euthanasie. L'acharnement se croyant une réponse à la vie dans l'exclusion de la mort, l'euthanasie une réponse à la mort dans l'exclusion de la vie !

Il s'agit donc de «comprendre» la mortalité dans la dynamique de la vie, et non d'apprendre à mourir, ce qui serait une voie mortifère donnant à croire qu'il est un contrôle et une maîtrise de la mort ET du mourant. Ce qui confinerait le malade dans une place où il ne serait qu'objet de soins et relèguerait les soignants dans un rôle où ils n'auraient que des gestes vidés de leur sens.

Comprendre la mort dans la dynamique de la vie, c'est donc lui donner — ou lui rendre — une réalité qui ne tue pas ! Meurt-on de parler de la mort ? La parole d'une part et la conscience de sa mortalité d'autre part, sont deux privilèges que la formation met en exergue de l'écoute et de l'accompagnement, mais en invitant chaque fois les participants à se dire vivants. Car c'est en vivants, et rien qu'en vivants, que nous pouvons parler de la mort.

FORMATEUR

En ce qui concerne le formateur, proposer une parole personnelle sur mort, deuil, séparation, écouter son écho chez les participants, l'engage dans une traversée qui n'est pas sans péril et qui, chaque fois, le ramène aux confins de son histoire d'hier et d'aujourd'hui, de son histoire de thérapeute et de formateur aussi. Il ne peut faire l'économie de cette traversée, bien plus, il y est obligé dans toute la mesure où il la propose à d'autres.

La formation offre une sorte de réunification de soi dans un temps limité. En ce sens, le temps de la formation est une ouverture à soi et aux autres, mais une ouverture qui doit perdurer. Ce qui revient à penser et à dire que toute formation n'est qu'un préambule et que les traces de «mort, deuil, séparation» ne s'estomperont que pour se reporter ailleurs, sur les chemins de la vie, de l'amour et du travail. En dehors des apports théoriques et pédagogiques — apports non négligeables mais utilisés seulement en second — c'est donc un sens nouveau et chaque fois inattendu qui s'établit dans le groupe en formation, entre les participants et le formateur, entre les participants eux-mêmes. Un sens qu'apporte toute parole sur la vie et sur la mort.

FORMATEUR

Le formateur ne vise donc ni à rassurer ni à convaincre, mais à permettre des prises de conscience dans l'ordre du réel, celui auquel chacun s'affronte dans son rapport au désir et au manque, à la vie et à la mort. Dès lors, quoi d'étonnant que le travail de formation n'ait pas de statut dirigiste!

QUAND LES MOTS FONT CORPS

Certes, il s'agit d'une formation dont les diverses approches se situent dans les entrelacs des mots. Reste que les mots sortent d'un corps doué de chair et d'esprit, d'eau et de sang. Redoutables amalgames qui signent le privilège d'être un Vivant.
Un vivant dont la parole se vivifie d'une respiration, d'un geste, d'une voix, d'un regard.

Le dispositif de la formation s'ouvre donc au corps parlant comme au corps silencieux, autrement dit à la communication non verbale. Le jeu de rôle offre là par exemple des réalités flagrantes. *«Ce fut pour moi une véritable révélation de découvrir la rigidité de mon attitude»* disait un participant, suite à un jeu de rôle au cours duquel il se mettait au chevet d'un proche en fin de vie, sans jamais témoigner de la moindre proximité.

Une précision s'impose. Lors de thérapies nouvelles, il s'agit souvent de créer des situations avec mise en jeu du corps; de proposer des exercices avec circulation de l'énergie; d'analyser des rêves éveillés voire d'induire des interactions psychodramatiques, en manière telle que les participants qui se prêtent à ces mises en situation atteignent des émotions parfois insoupçonnées et rarement exprimées dans leur vie courante. Il s'agit d'un lâcher prise, d'une manière de barrer le rationnel et d'accepter une certaine régression de soi où la voix, la respiration, le cri, le corps se manifestent au premier plan. Il va de soi que ce mouvement thérapeutique n'est possible qu'à la condition de faire confiance totale à l'animateur garant d'un équilibre psychique et de se trouver dans un environnement psychologique qui permette aux flux et reflux intérieurs de vous envahir, et ce jusqu'à l'angoisse, en vue d'une délivrance de celle-ci.

En formation, l'émergence de l'angoisse ne trouvant pas de terrain thérapeutique proprement dit, il ne s'agit pas de la provoquer, pas non plus de la refuser. La plupart des participants, quand ils en parlent, le font de manière allusive et sous le label «Revivre»! Effectivement, «Revivre» met en mots et en gestes, en rires et en larmes (c'est vrai que rires et larmes sillonnent la formation) la présence de l'enfant à l'intérieur de soi, ce que celui-ci a vécu, accumulé, ressenti, perdu… et qui habite l'adulte. À partir de là, la voie est ouverte à l'expérience intérieure où la formation revêt des aspects thérapeutiques évidents, mais ceux-ci nc sont exploités qu'au bénéfice d'une formation qui reconnaît ses limites.

FORMATEUR

Certaines phrases échappées de l'inconscient voire même du conscient, mais un conscient très personnel, ne gagnent pas à être reprises par le formateur, sauf à l'être par le groupe beaucoup plus à même que le formateur de disperser l'angoisse, en raison même des mouvements de solidarité qui circulent entre les participants.

Exister en sécurité avec ses mots et son corps — avec les épousailles des mots et du corps — permet évidemment d'approcher l'autre, en l'occurence le souffrant ou le mourant, avec respect, liberté, intuition, légèreté. Ce sont là les palpitations de l'humaine tendresse.

Il est beaucoup parlé de techniques du toucher, d'expression corporelle, de massages. Ce sont autant d'approches du corps, et au travers lui d'une intériorité existentielle propre à chacun : à celui qui est touché et à celui qui touche. Il va sans dire que ces approches ne sont pas neutres et qu'elles induisent deux interrogations : la question du corps sain et celle du corps malade et détérioré.

En fait, le problème est de savoir s'il y a lieu ou non de toucher celui qui souffre ou se meurt, quand, comment et finalement pourquoi le toucher ? Autrement dit, est-il bon (bon pour qui ?) de s'éloigner du verbal, du langage, des mots au profit d'une approche, d'une présence centrées sur la proximité, l'implication immédiate, l'empathie corporelle pourrait-on dire ? Encore que verbal et non verbal s'accompagnent l'un l'autre, se disent l'un à l'autre… Le jeu de rôle met souvent en relief diverses réponses, à savoir la difficulté de joindre le geste à la parole quand n'est pas connu ou, plus exactement n'est pas perçu le souhait de l'autre, n'est pas révélée son intériorité, avec ou sans les mots.

Ici, il est à comprendre — comprendre plus que savoir — que la relation du malade avec son propre corps est bouleversée. Qu'est aussi malmenée la manière dont ce corps malade est vu. Un corps de plaisir devenu un corps de douleur, un corps de lien devenu un corps séparé, un corps connu devenu un corps mystère! Monte du fond de ses entrailles la question, la seule devenue essentielle parce que la dernière qui soit porteuse de ce corps-ci : suis-je encore «aimable» ?

Cette interrogation inhérente à la détérioration de soi (corps et parfois esprit) révèle le fossé entre le malade qui traverse l'effondrement de son intégrité et ceux qui le soignent, l'accompagnent, l'écoutent, le touchent, eux en possession de leurs forces vives. Le grand malade est seul parce que devenu différent de ce qu'il était et différent des autres, il se sent propulsé dans un monde totalement étranger à celui dans lequel il vivait jusqu'alors.

C'est dire que nous ne touchons pas un corps souffrant comme nous touchons un corps en bonne santé. Dans le premier, l'âme est à fleur de peau, à fleur de cicatrices, à fleur de sang. Dès lors toucher le corps c'est la toucher, elle, qui ne supporterait aucunement l'autorité d'un geste qu'elle craindrait ou ne voudrait pas. Le corps souffrant est, plus que tout autre, un corps émotionnel, son approche ne peut se faire que dans la miséricorde pour lui, miséricorde aussi pour celui qui le touche…

Paradoxalement, la médecine d'aujourd'hui éloigne les soignants du corps, les techniques d'investigations et de diagnostics remplaçant plus sûrement le toucher. De même un langage médical spécialisé permet aux mots de garder le corps à distance. Et pourtant, dans des situations d'angoisse, de peur intense, de solitude voire d'isolement, aucun moyen de communiquer n'est plus réconfortant que le contact physique, parce que dans ces heures-là les mots ne peuvent rien dire ! Ils ne font pas le poids !

Tenir la main du malade en la nôtre (mais qu'il puisse la retirer à sa guise) ; caresser son visage avec une extrême légèreté ; passer un bras autour de ses épaules ; dans des instants de grâce intuitive, une main retenue entre deux mains sont des gestes qui parlent d'apaisement, de sécurité, de sollicitude et par dessus tout, de respect, celui de la dignité intrinsèque du vivant jusqu'au bout.

Exercices d'expression orale et corporelle ; mise en situation au chevet d'un malade silencieux, soit qu'il ne veuille pas parler soit qu'il ne le puisse plus ; travail où le toucher est surprenant ou au contraire attendu ; rapport à l'autre par le seul regard ; bien d'autres exercices ou jeux de rôle sont à trouver selon la nécessité pour les participants de se familiariser avec le non verbal, mais en tenant compte que le groupe n'est pas ici en attente de techniques du toucher (il y a pour cela d'autres formations spécifiques). Il s'agit essentiellement de comprendre que corps et esprit, gestes et paroles établissent une unité dans le multiple qui nous constitue comme être humain. Cette prise de conscience à la fois individuelle et collective permet de « réaliser » un accompagnement qui respecte la totalité de la personne.

Dans mort, deuil, séparation, les chemins du corps et les chemins des mots se croisent et se relient, ils font en sorte que celui (ou celle) qui est au cœur de leur croisement se sente vivre sa vie jusqu'au bout. Car à sa mort, rien ne lui sera laissé que la part d'amour, de paix et d'espérance qui perdurera en lui, cette part-là ne dépendant plus de causes externes. En donnant au corps et aux mots leur place pleine, dense, juste, chacun peut apprendre que la mort se vit comme une modalité de son vécu, sans doute la plus sacrée.

Chapitre 5 *Face à l'Autre*

« La mort demeure souffrance quoique je fasse. C'est de cette certitude que l'idée d'accompagnement surgit. Non pas la solution à un problème, non pas technique de soin mais rite de passage, qui justement dit la séparation et la perte, fonde et préserve l'identité de celui qui passe et du passeur, permet, non pas de penser l'impensable mystère de la mort, mais la souffrance d'être moi aussi mortel! »

Emmanuel Goldenberg, « Près du mourant, des soignants en souffrance ».
in Études, Novembre 1987.

Alors que la formation entre dans son troisième périple, il est utile de souligner qu'il n'y a pas d'antinomie à soigner et à écouter une personne malade qui va guérir ou se stabiliser et soigner, écouter une personne qui va mourir. Le cadre médical, l'écoute et l'accompagnement demeurent indispensables et dans toute leur légitimité, qu'il s'agisse de soins curatifs ou palliatifs.

Le conflit surgit face à la déshumanisation des soins, à la désafectation de l'écoute des besoins du malade, au désengagement de la relation avec lui et ses proches. Le conflit apparaît face à l'empire et à l'emprise d'un certain pouvoir médical et institutionnel contre lequel vient buter l'angoisse du malade, de la famille et des soignants eux-mêmes.

Mais de l'autre côté, celui des soignants non médecins, des bénévoles, le côté de ceux qui en appellent au relationnel (ce qui ne signifie pas qu'ils sont seuls à revendiquer la dimension humaine des soins, nombre de médecins en sont partie prenante), le côté de ceux qui veulent compenser le tranchant de la technique, de leur côté aussi le risque de l'illusion n'est pas négligeable. L'illusion d'un pouvoir sur l'angoisse, sur la violence de la séparation et de la mort. L'illusion d'une présence et d'un accompagnement qui résoudraient tous les problèmes. L'illusion d'une mort qui serait «la bonne mort», celle qu'il faudrait prendre pour modèle! Autrement dit : aux surinvestissements de la technique et de la médicalisation, répondraient les surinvestissements psychologiques et les rêves de mort idéale, manière occulte de nier la réalité et le réalisme de l'acte de mourir.

La formation, particulièrement dans l'optique des soins palliatifs, tend précisément à éviter ces surinvestissements au profit d'un équilibre qui permette à chacun dans l'équipe soignante d'être en totalité ce qu'il est, sans confusion entre le médecin, le soignant, la famille, le bénévole, le ministre du culte, mais en accordant ces divers acteurs entre eux, puisqu'ils répondent à la globalité de la personne «soignée» et qu'ils écoutent ses besoins. Des besoins qui ne s'expriment pas sans lever en nous divers mouvements d'angoisse et de peur, entre autres celles de ne pas savoir quoi dire ou quoi répondre au grand malade qui poserait des questions embarrassantes!

«Quand il n'y a plus rien à faire, que faut-il dire ?» demandent la plupart des participants!

Être ou ne pas être à la hauteur...

L'angoisse que fait naître en nous la demande de l'autre se manifeste en terme de «peurs». C'est une angoisse qui a un objet, dès lors elle rejoint la peur de ce que nous veut l'autre, de ce qu'il pourrait nous demander. La peur, aussi et surtout, de ce que nous avons à répondre, à dire, ou à ne pas répondre et ne pas dire. Par dessus tout, la peur de n'avoir à notre disposition rien qui puisse être répondu ou dit, parce que la mort est sans solution. Sans solution terrestre. La mort, oui, mais avant elle ? Quand il n'y a plus rien à faire, il reste à accompagner, à écouter, à caresser, à accorder la respiration de son être vivant au vivant du mourant.

De même, la rencontre avec la famille du malade en fin de vie est source d'angoisse. Chez les soignants en particulier, peur d'avoir à répondre que c'est la fin, peur d'annoncer le décès, peur des réactions de la famille, surtout si les relations avec elle ont été précédemment difficiles. Peur, après décès ou aggravation subite de l'état du malade, de la question souvent ressentie comme «soupçonneuse» : «Que s'est-il passé ?» Sorte de reproche implicite. [1]

Du côté des bénévoles, la peur est souvent dite de ne *«pas être à la hauteur»*. À la hauteur de quoi, de qui ? La réponse n'est pas univoque, compte tenu que le propre de l'angoisse est d'être ubiquitaire, c'est-à-dire partout où vie et mort manifestent et laissent leurs empreintes. «Peur de ne pas être à la hauteur», voudrait-il donc signifier «peur de ne pas être à la hauteur de son angoisse de bien faire, de bien répondre, de bien aider à bien mourir» ?

À ce sujet, les questions posées par les participants ne sont pas anodines :

> **Que dire, que faire, comment être ?**
> **Que répondre à celui qui demande (ou qui risque de demander !) ce qu'il va advenir de lui, de l'essentiel de lui-même : son ÊTRE-là !**

Interrogation crucifiante pour les médecins qui ne peuvent s'y soustraire; angoissante pour les soignants quand ils affrontent la difficulté de confirmer un diagnostic ou au contraire de le cacher à l'intuition du malade; délicate pour les bénévoles dont la réserve est une mise fondamentale de leur engagement.

Divers jeux de rôle qui mettent les participants en situation d'avoir à écouter les interrogations du grand malade, sont ici indiqués. Ils permettent dans tous les cas l'affrontement aux questions que, tôt ou tard, le malade et/ou ses proches poseront.

Les évaluations de ces mises en situation indiquent d'abord clairement les difficultés de la tâche d'écouter voire de répondre; ensuite elles

---

1. JALMALV, Les peurs face au mourir, n° 42, septembre 1995.
«Peurs, angoisses et demande de formation» par Marie José PROTIN psychanalyste.

permettent de comprendre ce qu'est et ce qu'exige **la communication** entre malade-soignant-famille, quelles que soient les questions posées.

- Quant aux difficultés :
  - **la peur** de faire trop mal à mon patient et à ses proches. (médecin généraliste)
  - **l'évitement** des questions des malades quand elles touchent à un pronostic. (infirmière chef de service)
  - **le souci** de ne pas passer pour incompétent alors que je suis impuissant face à la réalité ! (médecin)
  - **le malaise** de ne pas me sentir à la hauteur. (bénévole)
  - **L'angoisse** de devoir parler de la mort, car même si ce n'est que celle de l'autre, c'est ou ce sera la mienne aussi. (un proche)

- Quant à la communication :

Une des difficultés majeures à communiquer avec le grand malade et/ou son proche tient à l'idée ancrée qu'il faut absolument répondre point par point à ce qu'il demande. Or il est des interrogations, et des plus graves, qui n'ont d'interrogatif que la forme. En effet, c'est beaucoup moins une réponse en tant que telle qu'attend le patient qu'un **accompagnement,** lequel peut effectivement mener le soignant, le bénévole ou tout autre personne concernée au cœur d'une question grave. Mais **l'accompagnement est premier.** *«Je n'ai rien pu répondre à ce malade, mais je suis quand même restée auprès de lui un bon moment. Quand je l'ai quitté, il m'a dit que ma présence l'avait réconforté. Cela m'a étonnée...»* racontait une soignante. Tandis qu'un malade à domicile expliquait à l'infirmière : *«Je savais bien que vous ne pourriez pas me rassurer... Ma question (est-ce-que je vais guérir ?) était trop forte mais j'avais besoin de la poser pour que vous soyez avec moi dans cette angoisse».*

Se pose ici une interrogation à laquelle nul n'échappe :

La vérité rend-elle les choses plus vraies ?

Si la réponse s'érige en «oui» ou en «non», c'est signe que la question est mal formulée, dans tous les cas mal comprise.

Dans son essence première, la vérité est d'abord ce que le malade vit, ressent, éprouve dans sa chair et dans son esprit. C'est dire que la vérité ne relève pas d'une parole définitive. Elle suit les **états** successifs de la maladie et plus encore, les **vécus** successifs du malade, pour en arriver progressivement à se dire dans la relation avec lui, du moins chaque fois que c'est possible.

Il ne suffit pas d'un diagnostic et d'un pronostic pour que la vérité émerge et soit entendue. La nature humaine se défend instinctivement d'intégrer une réalité qu'elle ne peut et ne veut assumer présentement, elle a de subtiles astuces pour ne pas «savoir» ce dont elle pâtit.

La vérité à dire au patient, maintenant ou plus tard, se fait (devrait se faire) dans le contexte de l'accompagnement. Elle ne relève pas d'un acte ponctuel, elle suppose que celui qui la dit soit attentif à ce que le malade peut entendre ou non au moment présent. Attentif aussi aux plus proches du malade afin qu'il puisse vivre des relations vraies avec les siens, et les siens avec lui. Attentif à ce que circulent des paroles vraies au sein de l'équipe soignante (bénévoles compris) en manière telle que la vérité réponde à un besoin chez tous autour du malade.

Le souci de vérité suppose dans tous les cas — aucun cas ne devrait faire exception — l'absence de mensonges. Ce qui signifie qu'au malade (ou au proche) qui pose des questions concernant son avenir, sa vie, sa rémission voire sa mort, il soit répondu avec le plus de vérité possible et, de toute manière, sans recours aux faux-fuyants et aux illusions entretenues.

Il reste que dire la vérité n'autorise pas de réponses abruptes qui, en tuant l'espoir, font se lever une angoisse plus meurtrière que la mort elle-même. Perdre l'espoir de guérir! Puis, perdre l'espoir d'obtenir une rémission de longue durée! Par la suite, perdre l'espoir d'une rémission, si courte soit-elle, mais rémission quand même! Enfin, perdre l'espoir de l'espoir! Nul n'est en droit d'imposer ces pertes au malade sauf à les traverser lui-même, au gré d'une maturation, d'un abandon, d'un lâcher prise qui n'appartiennent qu'à lui et à lui d'abord.

La vérité pose une question fondamentale et impossible à élucider : **«Pour lui (ou pour elle) qui va mourir, qu'en est-il de son désir de vivre ?»**

> Anne[1] a 40 ans. Il y a 3 ans, elle a eu un cancer au sein. Aujourd'hui, un examen de routine décèle une métastase osseuse. Un traitement lourd est prescrit. Anne est mariée et a 3 enfants. Elle se pose et pose beaucoup de questions, et des plus graves. Une bénévole lui rend visite à son domicile.

1. Prénom d'emprunt.

La vérité, quand et comment la dire ?

De l'avis de la plupart des participants sinon de tous, la vérité est un style de vie. Et si «toute vérité n'est pas bonne à dire, il est au moins indispensable de la cerner pour soi-même». Certains relèvent que «la vérité libère», d'autres se demandent si elle existe et pensent que «chaque vérité est une vérité à dire à soi-même». Beaucoup éprouvent que la vérité ne peut s'inscrire que dans des relations de confiance, et de plus l'«on n'est pas vrai de la même manière avec tout le monde». S'il est des vérités indissociables de l'honnêteté et de la lucidité, soulignent des participants, «il en est d'autres qui sont changeantes parce que nous-mêmes évoluons et changeons».

Le jeu de rôle a permis de comprendre l'articulation entre la vérité, la relation et l'espoir.

- Rassurer trop vite renvoie Anne à la solitude, alors qu'elle croit pouvoir aborder son angoisse avec sa visiteuse et par ce biais peut-être y apporter une réponse personnelle.
- A son désarroi et à ses doutes quant à un second traitement lourd, opposer des stimulations («il faut se battre» — «pensez à vos enfants» — «dans les cas de cancer c'est le moral qui fait tout» etc) c'est ne pas lui laisser le temps de comprendre ce qui lui arrive et lui «faire la morale».
- Conseiller, argumenter, raisonner, vouloir à tout prix dédramatiser, sont autant de manière de nier la réalité de la situation en laquelle est plongée Anne. À esquiver ses paroles autour de la souffrance et de la menace de mort, ce sont aussi des paroles de vie et d'espoir qui se perdent…
- Écouter Anne «en vérité», c'est sans écarter son angoisse, sa détresse, ses interrogations et la menace sur sa vie, l'accompagner sur le chemin où elle EXISTE, ici et maintenant.

Au cours de l'existence, chacun surmonte beaucoup d'espoirs déçus. Mais l'espoir déçu de celui ou de celle que la mort fauche en pleine force de l'âge, est-ce tolérable ? C'est à cette question humainement insurmontable que se heurtent familles, soignants, accompagnants, amis quand il s'agit d'un adulte jeune. Que dire alors quand la mort s'empare de l'enfant ? Et que durant des jours, des semaines voire des mois la mort menace et qu'il va falloir dire la vérité parce qu'elle s'impose, parce qu'elle vous taraude le cœur et l'esprit ! Car au-delà de la vérité médicale, la vérité de la relation et de l'accompagnement met en jeu l'inaltérable de l'être humain : son unicité, sa dignité, son achèvement.

Deux mois avant de mourir, Anne avait demandé à l'infirmière qui la soignait à domicile : «Est-ce que je vais vivre ?»
-«Si c'est de la mort que vous me parlez, je ne sais pas vous répondre. Vous savez bien que nous nous battons ensemble contre la mort, vous, vos proches et nous soignants. Mais si c'est de la vie que vous voulez me parler, je peux vous assurer que nous la voulons et que nous la portons avec vous et pour vous.»
À partir de ce moment, Anne s'est mise à parler avec ses proches et avec les soignants et de la vie et de la mort, voies parallèles que par son écoute et son souci de la vérité, l'infirmière lui avait ouvertes.

La question demeure : comment dire la vérité s'il y a lieu de la dire ? Les réponses viendront des participants eux-mêmes auxquels est demandé, s'il leur arrivait malheur, comment ils voudraient que leur soit dite la vérité, ou non!
Rares sont ceux qui ne veulent rien savoir.
Pour les autres, il importe qu'elle soit dite :

- de vive voix et non par téléphone.
- en disposant du temps qu'il faut et non de manière pressée.
- en prenant soin de savoir ce que le patient sait déjà ou ce dont il se doute.
- en posant des questions ouvertes qui invitent le malade à exprimer ce qu'il ressent, ce qui permet au médecin de décider d'une vérité totale ou momentanément partielle.
- en respectant le niveau auquel le patient accepte d'être informé.
- en utilisant un langage facile à comprendre.

Deux exigences sont relevées par tous les participants :

- L'annonce d'une maladie grave à fortiori à caractère mortel nécessite un «suivi» de la part du médecin, des soignants et des proches. Le pire serait de ne pas tenir compte de ce suivi et d'abandonner le malade à son angoisse.
- Une part d'espoir doit être préservée, envers et contre tout. Non plus l'espoir de guérir, mais celui, avec l'aide de l'entourage soignant et familial, de garder (ou d'accéder à) une qualité de vie affective, psychologique et spirituelle suffisante.Ce qui suppose que les besoins du malade soient écoutés et pris en compte, que la capacité qui est encore la sienne d'aimer et de se sentir aimé soit soutenue au maximum.

«Comment «cela» se passera-t-il ?» demande à son médecin un grand malade atteint de cancer généralisé...
«De cela nous reparlerons au fur et à mesure de votre état», lui fut-il répondu.

C'était ne pas entendre que la demande d'information recouvrait l'angoisse de l'inconnu, l'angoisse de mort.
Le jeu de rôle mit en relief qu'il pouvait être répondu à la demande d'information, mais en tenant compte de l'angoisse implicite : *«Cela se passera sans souffrances parce que j'y veillerai. Mais dites-moi, vous êtes inquiet, posez-moi vos questions»!*

Il est significatif que parmi toutes les questions que peut poser un malade, il en est une que nous appréhendons, quel que soit notre rôle ou notre lien avec lui : Est-ce que je vais mourir ?

La communication de la vérité, les réponses aux questions difficiles représentent un aspect incontournable du métier de soignant, peut-être le plus difficile! L'audace est grande d'oser attendre d'un malade qu'il assume sa maladie et sa mort! Au nom de quoi un bien portant, fut-il le médecin, peut-il se le permettre ? Certainement pas au nom de sa compétence, si reconnue soit-elle. Seulement au nom de sa condition humaine, au nom de sa stature d'homme mortel.

La tâche d'annoncer de mauvaises nouvelles, de répondre de manière authentique à des questions dérangeantes constitue une sorte de critère quant à l'humanité du médecin. S'il s'acquitte mal de cette tâche, le patient et ses proches auront grand peine à le lui pardonner et à panser leurs blessures. S'il sait allier compassion vraie et compétence, patient et famille se souviendront de lui pour toujours.

La demande d'euthanasie

En raison même de la complexité croissante des soins, de la haute technicité de l'appareil médical, du système de rapports dépersonnalisés que les techniques introduisent dans les relations soignants-soignés et qui plus est, en raison du tabou qu'est la mort mais avant elle la vieillesse mal venue dans la société moderne, aucune formation à l'écoute de la personne malade et en fin de vie ne peut aujourd'hui faire l'économie d'une réflexion au sujet de l'euthanasie!

En effet, trois états du malade suscitent la demande d'euthanasie :

- l'angoisse de détérioration de soi à laquelle s'ajoute la peur de perdre sa dignité, dimension vitale de soi-même;

- la douleur, mal ou insuffisamment écoutée et soignée;
- le mal mourir né de pratiques médicales, hospitalières voire sociales déshumanisées.

Les participants étant interrogés sur ce qu'évoque pour chacun d'eux le mot «Euthanasie», il apparaît que personne n'est partisan de l'euthanasie pour l'euthanasie, le «Tu ne tueras pas» demeurant dans les consciences la loi suprême de toute morale qui respecte l'Homme. Par contre, comme solution humaine à des maux inhumains lors d'une fin de vie inéluctable, proche et dont les détériorations et les douleurs échappent à tout contrôle médical pourtant compétent, l'euthanasie est envisagée, avec grande culpabilité par certains, plus sereinement par d'autres.
Mais ceci dit, la plupart des participants décodent *la demande d'euthanasie* et la situent dans un contexte où elle doit être entendue comme un appel urgent à l'aide.

- Quand il n'y a pas de contrôle possible de la douleur, il faut pouvoir décider de sa mort.
- Soulager avec des analgésiques et tuer, ce n'est pas la même chose.
- Un jour j'ai été la main qui a donné la mort, je me sentais immonde.
- Cesser un traitement est un droit, cela n'est pas comparable avec l'euthanasie.
- La demande d'euthanasie peut vouloir dire: «aidez-moi à mourir dignement!»
- La demande d'euthanasie c'est la demande d'être écouté et entendu, pas nécessairement de mourir ici et maintenant.
- J'ai peur que l'on m'euthanasie doucement à mon insu!
- L'euthanasie ne peut être que la solution du moindre mal. Mais comment évaluer le moindre mal ?

Il ne faut pas s'y tromper, derrière l'apparence d'une demande de mourir, c'est un insistant appel à une réintégration du «mourir» dans la vie relationnelle qui se fait entendre. Et si finalement l'administration d'analgésiques vient quelque peu abréger, par effets secondaires, la durée de la vie, cela se passe dans le vécu d'un accompagnement qui va jusqu'au bout de cette vie. **C'est dire que pour qu'il y ait euthanasie, il faut qu'il y ait volonté délibérée d'ôter la vie**.

L'ambiguité de la demande d'euthanasie (la demande vient en principe du malade ou de ses proches, mais nombre de soignants en leur for intérieur la souhaitent) tient à la pulsion de mort qui est en chacun, en ce sens qu'il est en bien des cas plus facile de mourir que de vivre, d'abréger que d'endurer, de fuir plutôt que d'accompagner. C'est pourquoi il est indispensable que les proches du malade et particulièrement les soignants identifient leur propre angoisse. Car, non reconnue, l'angoisse incite les uns et les autres à entendre comme demande de mourir ce qui en réalité est un appel à l'aide, une demande de soulagement, un besoin de présence et de réconfort, sans quoi effectivement mieux vaudrait en finir tout de suite…

La dignité

Au cours des échanges entre participants, le mot «**DIGNITÉ**» revient souvent chargé d'émotions, de peurs, de questions enfouies au sein de situations évoquées par beaucoup, particulièrement par les soignants.

Une grande malade, 50 ans, demande d'en finir! Atteinte de paralysie encore partielle mais avec un pronostic catastrophique, elle ne veut «plus continuer». Elle a l'impression que ses enfants attendent sa mort, que tout le monde autour d'elle attend… sa fin! Comme «une histoire qui n'en finit pas!».
Elle se sent perdre sa dignité et ne veut pas, dit-elle, «mourir de honte!»
Visite de la bénévole en milieu hospitalier.

Sans préjuger de recours à l'euthanasie qui, lors de fins de vie cruciales et crucifiées, relèvent d'une transgression issue de la théorie du moindre mal (encore faut-il évaluer le moindre mal), il importe grandement de souligner que ce n'est pas la maladie, et beaucoup moins la détérioration de soi qui entament une dignité d'homme, que ce que chacun pense de la dignité, la manière dont chacun la perçoit.

Le pari de l'accompagnement des grands malades et des mourants, à fortiori le pari des soins palliatifs, consiste précisément à tenir pour acquis l'avènement de la dignité de l'être humain quand se manifestent les déchéances inhérentes à sa condition.
Est-il besoin de rappeler que la dignité attribuée à l'autre n'est pas différente de celle que l'on se reconnaît à soi-même ? Dès lors la question se pose de savoir ce que font de leur dignité ceux qui prônent l'euthanasie en son nom ? Celle-ci est-elle davantage respectée du fait d'avancer l'heure de la mort ? Ce qui reviendrait à penser et à dire que la personne malade se réduit à l'image qu'elle donne de son corps délabré. Accepter l'hypothèse de l'euthanasie au nom de la dignité, n'est-ce pas poser dès le départ une question minée : la vie du malade a-t-elle un sens ? Jusqu'où le soigner ? Ne serait-ce pas lui rendre service que de le tuer ?

L'expérience nous enseigne et nous convainc que la dignité d'un être humain lui est intrinsèque. Qu'elle se situe bien au-delà de l'image offerte, fût-elle celle d'un corps délabré, fût-elle celle d'un esprit qui s'égare. Dans le temps suspendu entre ce qui reste de vie et l'approche de la mort, la dignité tient beaucoup moins à la personne du malade ou du mourant — qui ne peut plus que subir — qu'au regard que posent sur lui les proches et les soignants. **La dignité, c'est ce que chacun pense de lui-même et de l'autre!** L'euthanasie au nom de la dignité ne serait donc que le démenti de toute dignité possible… Porte ouverte à tous les désespoirs!

Nous avons tous, tôt ou tard, malades et bien portants à apprendre l'humilité face à notre humaine condition et nul ne peut augurer de ses réactions profondes quand viendra le temps du lâcher prise. Mais au moins est-il souhaitable d'être à cette heure-là entouré d'une équipe soignante qui ait acquis la capacité de décoder avec le malade ses demandes et ses besoins imprescriptibles.

Faut-il souligner que les soins palliatifs tirent leur crédibilité de ce que la personne malade et mourante y est soignée, au sens de «prendre soin», et non tuée. *«Soigner, le verbe le plus existentiel de la langue française»*, disait un grand malade… Si se détériorer est une telle indignité qu'il faille être tué avant de mourir, que faut-il penser des grands handicapés moteurs ou mentaux ? Que faut-il penser des «vieux» ? Que faut-il penser de toute une frange de l'humanité pas «belle» à voir ?

Quelles que soient leur détérioration et leurs dépendances, l'accompagnement des malades et des mourants constitue un moment, difficile certes mais significatif, au cours duquel est révélée l'utilisation que font les soignants de la dignité, la leur et celle du malade… Pas seulement les soignants, mais toute personne qui se veut à l'écoute du plus souffrant!

La douleur

Des questions inattendues parce que abruptes, au sens où elles éveillent ou réveillent une partie «endormie» de soi-même, entraînent les participants dans une réflexion sur la douleur qui dépasse de beaucoup l'aspect physique ou organique de celle-ci.

- La douleur, comment appréhender cette notion ?
- Quand nous avons mal, comment cela se passe-t-il dans notre tête et dans notre corps ?
- Quelles sont nos peurs par rapport à la douleur, la nôtre, celle de nos patients, celle de nos plus proches ?

Bien qu'il ne s'agisse pas ici d'une formation médicale, réflexions et questions au sujet de la douleur se font plus pressantes. Chacun comprenant, fût-ce intuitivement, le lien de cause à effet entre la douleur et la demande d'euthanasie.

FORMATEUR

Des pistes de réflexion sont donc explorées et donnent lieu à des échanges informels entre les participants, sous l'attention soutenue du formateur qui veille à coordonner le tout sans parti pris.

- Il importe de distinguer la souffrance et la douleur. Schématiquement parlant, la douleur est physique et la souffrance existentielle. Néanmoins, une souffrance non surmontée, à fortiori niée, finit tôt ou tard par s'accompagner de douleurs somatiques. Inversément, la douleur physique, particulièrement quand elle perdure de manière importante finit aussi par détériorer la personnalité et par l'entraîner dans la souffrance morale et existentielle.
- Bien que liées, souffrance et douleur ne sont donc pas à confondre. On vient à bout de la douleur avec des antalgiques mais ceux-ci ne soignent pas la souffrance, la solitude, la détérioration de soi,' le sentiment d'humiliation. Si bien que la douleur ayant été contrôlée, **reste à rencontrer la souffrance!**
- C'est ici que les thérapeutiques de la douleur ont leur importance. Bien utilisées, dosées et administrées, elles permettent de préserver la conscience et la capacité de communication du grand souffrant, à l'inverse de médications qui plongent le malade dans l'inconscience partielle ou totale, manière de le faire taire quand on ne peut plus l'entendre!...

  Loin d'être standardisées, ces thérapeutiques sont personnalisées, tant sur le plan de la douleur à soulager que de la souffrance à écouter. Dans tous les cas, elles ne permettent plus l'évacuation des questions sur le sens de la vie et de la mort...

Reste que **«la douleur n'est qu'à soi»** comme dit J-B Pontalis, psychanalyste.
Douleur différente chez chacun selon le contexte de vie et l'atteinte physique; l'état mental et psychologique; l'apport affectif et le sentiment de solitude; selon la fatigue, la peur, l'angoisse, la confiance ou non, le souvenir gardé d'une douleur antérieure.

Ce qui pose un certain nombre d'interrogations proposées à la réflexion des participants :

- Pourquoi ce qui objectivement s'avère douloureux fait-il moins ou plus mal selon les personnes, selon les malades ?

- Pourquoi une personne qui a mal prendra-t-elle immédiatement un calmant, alors qu'une autre attendra de sentir si sa douleur va en diminuant ?
- Pourquoi certains malades s'affolent-ils et demandent-ils sans cesse d'être soulagés ?
- Quelle angoisse peut décupler la douleur du malade ?

La complexité de chacun de nous face à **la douleur** révèle à l'évidence que celle-ci n'est pas que maux physiques, elle **est aussi langage.**

Les échanges dans le groupe étant le plus souvent percutants, en raison d'expériences personnelles ou professionnelles pas toujours positives (pourquoi y a-t-il encore des malades dont la douleur n'est pas correctement soignée ?), le formateur va devoir poser aux participants, en dehors de l'approche médicale proprement dite, la question du rôle de l'écoute et de l'accompagnement (le prendre soin) des soignants, des proches, et des bénévoles.

Après analyse de situations vécues et travail de réflexion, la nécessité ressort de :

- **Créer** une relation irremplaçable avec la personne malade. Irremplaçable, c'est-à-dire une relation ou un accompagnement qui autorise le souffrant à être ce qu'il est dans sa chair et dans son esprit, ici et maintenant.
- **Soulager** la douleur, l'éradiquer autant que la médecine en a les moyens. Il ne s'agit plus de vouloir guérir ou maintenir la vie à tout prix. Quand on la maintient à tout prix, on la veut à n'importe quel prix, d'où l'acharnement thérapeutique.
- **Comprendre** qu'au-delà de la douleur, la souffrance du grand malade relève moins de la peur de mourir que de la peur d'avoir mal et d'être laissé seul.
- **Écouter**, c'est bien ce qu'il y a de plus difficile dans l'ombre immense de la mort.

Ce qui suppose :

- Qu'une sorte de contrat moral avec le malade, autrement dit une relation de confiance s'établisse. En manière telle qu'au moment de graves décisions à prendre, le malade puisse s'appuyer sur son à priori de confiance.
- Que l'équipe soignante reste en contact avec la famille, dans une attitude cohérente et coopérative réciproque.

- Qu'il y ait concertation continuelle entre médecins, soignants et proches.
- Que nul ne se dérobe à la situation et accepte une limite à son action !

Le mal mourir

À la question : « **Que faut-il entendre par mal mourir ?** » nombre de réponses sont significatives et conduisent à une réflexion d'ordre existentiel.

— Mal mourir c'est se sentir moins aimé parce qu'on est malade, moche, inutile et que ça dure…

— On meurt tous les jours un peu mais la société ne vous le permet pas, alors on se sent pas bien ni avec soi-même ni avec les autres, du coup, on préfère partir…

— Mes patients meurent mal quand ils souffrent et que la médecine est impuissante à soulager leur douleur. Alors se pointe l'idée de l'euthanasie…

— Il y a le mal mourir du côté des malades, mais il y a aussi le mal vivre du côté des soignants et des bénévoles. Accompagner le mal mourir de quelqu'un, c'est éprouvant, on s'en remet difficilement.

— Pour moi, mal mourir ce serait me sentir abandonné médicalement, affectivement, devenir rien du tout et sentir mauvais…

— Je sais seulement dire ce qu'est bien mourir : vivre jusqu'au bout reliée à des vivants qui n'ont pas peur de moi mourante…

— Le mal mourir, ça doit être comme le mal vivre, le mal aimer, quelque chose qu'on n'a jamais résolu parce qu'on n'a jamais osé en parler vraiment…

— Pour bien mourir, il faut être écouté…

Ce mal-mourir touche chacun de nous, bien ou mal-portants, qui sommes les mourants de demain. On voit ainsi se conjuguer les effets des progrès étonnants de la science et de la technologie et cette forme de dénégation de la mort que sont l'acharnement thérapeutique d'une part, l'euthanasie d'autre part. Encore qu'il faille se garder de confondre toutes les réanimations avec l'acharnement thérapeutique. **Réanimer un malade est un « bonheur » disait un médecin, quand l'espérance de vie est suffisante et sa qualité assurée.**

Pour comprendre ce que recèle la demande d'euthanasie, il importe donc de reconnaître ce qu'il y a d'anormal dans l'euthanasie, non parce qu'elle est un mal mais parce qu'elle «**dévoile**» un mal; parce qu'elle est une sorte de protestation contre un état de fait qui pourrait être autre, qui devrait être autre. Si on accepte l'euthanasie dans certaines situations extrêmes et rigoureusement cernées comme étant la solution du moindre mal, on ne peut se résoudre à cette solution sans reconnaître que ce qui la rend possible, c'est un mal plus grand que l'euthanasie : la déshumanisation de la mort elle-même.

Il est des conditions de vie à l'hôpital, des conditions de soins et de relations entre malades, soignants et familles qu'il faut changer pour que cesse la demande d'euthanasie. [1]

La famille, berceau de la vie et de la mort...

Nombre de questions posées par les participants, plus particulièrement par les soignants, ont trait à la famille.
En effet, les relations avec la famille ne sont pas simples. La famille estime que le malade lui appartient, mais ce sont les soignants qui donnent à celui-ci les soins appropriés à son état et à ses besoins vitaux. D'où, occulté ou franchement mis à jour, un conflit de pouvoirs... La famille attend des soignants des miracles que les soignants ne peuvent réaliser. Les soignants attendent de la famille une présence réconfortante (et non envahissante...) qui par ailleurs faciliterait leur travail de soignants, or, ils se trouvent parfois confrontés à des familles qui ne font que compliquer les choses. D'où des déceptions réciproques qui durcissent les relations...

Dans l'institution hospitalière

Les relations du malade avec ses proches ou avec son proche sont capitales dans la phase terminale de sa vie. Il s'agit souvent pour eux d'un bilan des réussites et des échecs, des bonheurs et des malheurs qui ont marqué leur vie précédemment, chacun essayant de dire à l'autre ce qu'il n'a pas pu ou n'a pas osé exprimer jusqu'ici. C'est ainsi que la phase terminale d'une vie est souvent le lieu de réconciliations, d'échanges d'amour, d'amitié et de gratitude.

---

1. Revue JALMALV n° 53 juin 1998, «Les enjeux de l'euthanasie», 4 bis rue Hector Berlioz 3800 Grenoble.

L'accueil à la famille du malade a donc une influence non négligeable sur la manière dont le proche va aborder son malade. En effet, selon ce qu'il est, l'accueil crée un climat d'ouverture ou de fermeture. Quelque chose passe entre le soignant et la famille, plus exactement quelque chose passe du soignant vers la famille, ce qui favorise un climat ouvert à des relations de confiance. Chaque fois que les proches sont bien accueillis, c'est comme si une porte s'ouvrait au malade lui-même! D'ailleurs, ils sont en général très reconnaissants de tout ce que font les soignants pour assurer les soins au malade et l'accueil à sa famille. D'autant plus que celle-ci est souvent prise par l'angoisse, par la peur, et se trouve dans l'ignorance de ce qu'il y a lieu de faire ou ne pas faire pour aider le malade.

L**a famille n'est jamais une intruse**, elle fait ou devrait faire partie intégrante de la prise en charge du malade. **Les proches sont à la fois soignants et soignés.** De plein gré ils font partie temporairement du service et leurs besoins doivent être écoutés, au même titre que les besoins du malade.

Diverses situations vécues sont évoquées par les participants.

Une femme évite délibérément de parler de la maladie de son mari avec le médecin ou les infirmières. C'est l'obstruction complète. Dans cette situation, la relation des soignants avec elle est rendue difficile et, par voie de conséquence délicate avec le patient. Les non-dits n'arrangent rien.

Une infirmière dit avoir plus de difficultés avec la famille qui parle à mi-mots, panique, exige, qu'avec le malade qui connaît et accepte l'imminence de sa fin.

Une épouse se plaint du manque d'attention du personnel soignant à son égard. *«Je me sentais mal-venue au chevet de mon mari»* et ce souvenir la taraude.

Certaines situations affectives sont délicates et «embrouillées», dit une bénévole qui se demande comment être, comment faire et que dire quand lui sont «confiées des choses».

Une prise en charge bien conçue doit être capable de porter et de débrouiller la plupart des difficultés qui surviennent, ce qui aura pour résultat de maintenir le moral du patient, de la famille et des soignants eux-mêmes. Cependant, certaines situations sont particulièrement délicates, par exemple quand un membre de la famille provoque des accès de panique, s'accroche aux soignants, formule des exigences déraisonnables.

Lui répondre par la colère ou le rejet ne fera qu'augmenter son sentiment de panique qui est en réalité un sentiment d'insécurité !

En cherchant à comprendre ce qui se passe chez cette personne, les soignants parviendront beaucoup mieux et beaucoup plus vite à la calmer, à la rassurer et si nécessaire, à lui donner les informations qui lui manquent, même s'ils doivent à la rigueur adopter un ton un peu ferme. Le ton « ferme » n'est ni la colère, ni le rejet.

Mais le temps ?

Parmi toutes les difficultés que doivent affronter les soignants dans les services de soins aux grands malades et aux mourants, la plus fréquemment évoquée est le manque de temps : les soignants sont en sous-nombre, surchargés, pris par les tâches indispensables ou d'urgence, dépendants des structures hospitalières.

Il arrive d'ailleurs que des soignants jalousent quelque peu la disponibilité des bénévoles. Ils se disent qu'avec un peu plus de temps et un peu moins de stress, ils pourraient eux aussi se tenir à l'écoute des malades, manifester leur présence à ceux qui en ont besoin. Les soignants ressentent le manque de temps comme une entrave au rôle relationnel de leur profession voire comme une injustice quand il leur est reproché d'être indisponibles !

« S'acquitter de tous les soins aux malades, répondre sans relâche aux coups de sonnettes, faire rapport quotidien au médecin et à l'équipe de nuit, sans parler du manque d'effectifs infirmiers, répondre aux urgences et aux imprévus qui ne sont jamais simples, vérifier tous les paramètres médicaux ne nous laisse vraiment pas beaucoup de temps pour le relationnel proprement dit » explique une infirmière.

« A l'hôpital, c'est la course continuelle. Au domicile, c'est beaucoup plus relaxe, ne fût-ce que parce que là, je n'ai qu'une personne à soigner. Je peux donc prendre le temps de l'écouter et de lui parler. »

La question est posée de comprendre pourquoi certains soignants donnent l'impression de n'avoir jamais le temps de s'arrêter auprès de leurs patients tandis que d'autres, dans les mêmes conditions de travail, paraissent disponibles ?

De l'avis des participants à la formation, le problème dont personne ne nie la réalité se pose en terme de priorité : quelle importance le soignant accorde-t-il aux malades, aux mourants, aux familles ? Quelles sont à ses yeux les demandes les plus importantes et quel temps leur accorder, sachant qu'il aura à composer avec… le temps !

Une réponse est à trouver dans **un esprit d'accompagnement** qui demande moins du temps qu'une qualité d'être. C'est dire que le souci d'écouter ne demande pas de temps, il imprègne de manière instinctive les gestes, les faits et les soins. Le malade mais aussi la famille ne s'y trompent pas quand ils disent d'un soignant qu'il a toujours le temps et d'un autre qu'il est toujours pressé, alors qu'il n'en n'est pas un qui passe plus de temps que l'autre auprès du malade ! C'est en grande partie la manière d'être du soignant, quel que soit le temps dont il dispose, qui fait sa disponibilité.

Le souci d'écouter se dessine dès que les soignants entrent dans la chambre du malade, voire **avant**. Un souci qui apporte à leurs soins, à leurs paroles, à leur présence quelque chose qui n'a pas besoin de temps pour s'imposer, se répandre, se faire sentir : **l'attention à la personne du malade et du mourant**.

Le souci d'accompagner réclame quant à lui une certaine somme de temps. Les soignants n'ont pas tort lorsqu'ils se plaignent de manquer de temps.
« Chaque fois que je dis n'avoir pas le temps, ou n'avoir pas eu le temps, je me sens comme coupable ! Est-ce de ma faute s'il y a beaucoup de malades et que le personnel soignant est en nombre insuffisant ? »

Si l'écoute relève d'un état d'esprit, d'un état d'attention à l'autre, d'un état de veille sur la vie et sur les vivants, ce qui ne demande pas de temps, il est vrai que l'accompagnement proprement dit exige une forme de disponibilité, laquelle a besoin de temps. Or, dans l'organisation clinique, le temps est nécessairement compté. Mais compté, veut-il dire absent ?

Dans des conditions où la réalité du temps manquant peut vous couper les ailes, comment réagir, que faire, comment être et rester le soignant qui ne s'en tient pas qu'aux actes médicaux et aux soins du corps ?
« Comme dit le proverbe, rien ne sert de courrir, il faut partir à temps ! cela veut dire que l'accompagnement, le prendre soin de la personne entière relève d'abord d'une manière d'être en général » explique une inflrmière.

« C'est comme dans la vie courante, dit une autre, il y a les gens qui courrent tout le temps, on a l'impression qu'ils ne s'arrêtent jamais. Et il y a ceux qui, avec la même quantité de travail, trouvent le moyen de prendre du temps pour eux et d'en donner auxautres. Comment font-ils ? »

C'est une erreur, peut-être une fuite de réduire sa disponibilité à la seule dimension du temps. Comme l'écoute, la disponibilité est d'abord de l'ordre du désir qu'a – ou non – le soignant de se faire présent à ses patients. Il s'agit d'un état intérieur à soi-même qui, quels que soient les obstacles extérieurs, nourrit une manière d'être, une manière d'écouter, une manière de «prendre soin». Lorsque l'organisation institutionnelle et ses contraintes inévitables, le surpeuplement des malades face au sous-nombre des soignants, le stress inhérent à une profession de première urgence font barrage à une disponibilité plus relationnelle que celle des actes médicaux, reste au fond de soi le regret de cette absence de temps.

Oserait-on dire que c'est la souffrance d'un soignant limité par le temps qui le garde écoutant, relationnel, présent! Le regret de n'avoir pas le temps donne aux dix minutes dont il dispose pour son malade un poids d'éternité.
«J'ai appris à dire à mes patients que j'aimerais pouvoir leur donner plus de temps. Exprimer ce désir, ou ce regret, change mes relations avec eux et avec leur famille, c'est comme si tout à coup le temps venait à notre rencontre. Ce sont des minutes pleines.»

«C'est drôle cette notion du temps! Force m'est de constater que le temps est tout de même élastique! En y réfléchissant, je crois qu'avoir du temps ce n'est pas qu'une question d'organisation, c'est avant tout une question de priorités.»

«Je n'avais jamais le temps parce que je croyais qu'il en fallait beaucoup pour manifester ma présence auprès des malades. Aujourd'hui, je comprends que le temps ne se compte pas en quantité mais en qualité d'être. Je découvre des tas de minutes à donner à mes patients.»

L'attention à l'autre peut davantage que le temps. Quelques minutes suffisent à poser une passerelle entre le malade et le soignant. Mais ce qui fait peur à certains, c'est de maintenir cette passerelle. Cela se passe comme s'ils craignaient de se laisser envahir par leurs patients, de n'avoir plus de contrôle sur le temps qu'ils passent à leurs chevets. Peut-être, en évoquant trop souvent le manque de temps, cherchent-ils à échapper à des contraintes qui viendraient encore alourdir leurs tâches prioritaires : les soins aux malades. Comme si les tâches de soigner et de se faire présent, de panser et d'écouter étaient des tâches devenues antinomiques!

Au delà des réalités concrètes indéniables qui relèvent de priorités absolues, comme les urgences médicales et les situations d'exception, il apparaît que la question du temps manquant s'apparente à celle de l'impuissance en laquelle se trouve tout soignant arrêté par des contraintes extérieures à lui-même. En cela même le soignant se rapproche du malade quand celui-ci ne peut plus que subir, à fortiori se rapproche-t-il de celui dont les jours sont comptés, le temps rétréci! L'impuissance de l'un rejoignant, bien que différemment, l'impuissance de l'autre, quelque chose passe entre leurs deux êtres vivants qui efface la question du temps au seul profit de leur humanité commune.

C'est dire que le manque de temps ne devient une réalité insurmontable que lorsqu'il est invoqué comme une explication et une excuse qui servent d'alibi à des comportements non-relationnels ou défensifs.

Reste que des situations de surcroît de travail ou d'urgence voire de surmenages passagers demeurent une réalité dont le soignant ne peut pas ne pas tenir compte. La possibilité, sinon le devoir, est alors de faire appel à un bénévole, un aumônier, une infirmière sociale, un proche ou un ami du malade. D'ailleurs, malades et familles savent intuitivement désigner ceux ou celles à qui «parler» et par qui se faire entendre.

Le temps, pierre d'achoppement ou pierre fondatrice ? A chacun selon sa parole et son désir fondamental…

Au domicile

À l'hôpital, le soignant est le maître des lieux. Les structures de l'institution d'une part, l'encadrement que constitue le service ou l'unité de soins palliatifs d'autre part, suffisent à conforter les soignants dans leur savoir et leur autorité, à assurer les bénévoles de leur importance, à signifier à chacun dans l'équipe pluridisciplinaire les pouvoirs et les limites de son rôle.

Au domicile, c'est le patient et, dans tous les cas, la famille qui sont les maîtres du lieu. La différence est donc notable selon qu'il s'agit de l'institution où les soignants sont chez eux et du domicile où les soignants sont chez le patient et qui plus est dans sa famille. De plus, dans l'institution, en raison même de ses structures hospitalières, les soignants ont la possibilité éventuelle d'éviter le face à face avec les interrogations du patient ou de ses proches; au domicile les échappatoires sont plus difficiles, parce que plus vite repérées et ressenties par la famille qui règne en maître sur son malade, sur son mourant.

Témoignage d'une infirmière passée des soins à l'hôpital aux soins à domicile :

«On ne fait pas que passer d'un lieu à un autre, on change de manière de relation, ce qui exige du soignant une réadaptation qui ne va pas de soi. Plusieurs facteurs

sont en cause : le malade, la famille, le médecin traitant, les soignants et la manière dont tout «ça» va circuler au domicile, et en dehors du domicile. À l'hôpital les soignants de la fin de vie sont, si nécessaire, interchangeables. Au domicile, ils sont plus seuls, seuls avec le malade, seuls avec la famille, seuls avec eux-mêmes, seuls devant l'imprévu. Pas question de fuir! Du coup, j'ai repris une session de formation pour me mettre plus à l'aise dans cette situation précise. Cela m'a beaucoup aidée, même si j'avais déjà une certaine expérience de l'accompagnement des mourants. J'ai dans tous les cas compris deux choses dont on n'a pas tellement conscience à l'hôpital. D'abord que la vie et la mort du patient n'appartiennent pas aux soignants, si compétents, si dévoués, si bien intentionnés soient-ils. La deuxième chose qui m'a interpellée lors de ce rappel de formation, c'est que soigner à domicile, c'est obligatoirement, quoique de manière différente, ***soigner une famille.*** *À l'hôpital, à la rigueur, on peut tenir la famille à distance. À domicile, on prend le malade avec sa famille, sympa ou non, facile ou non, paniquarde ou non. Au fond, l'hôpital est une école de soins, le domicile une école de vie. Plutôt que de les dissocier, il faut faire en sorte que ces deux lieux fondamentaux pour la vie et la mort s'associent pour le plus grand bien des malades et des mourants, des familles et des soignants. »*

Soigner à domicile exige-t-il une formation particulière ?

Ce témoignage au vif de l'expérience répond à cette question... Une adaptation aux réalités et aux aléas du domicile s'impose dans tous les cas où la communication sous toutes ses formes, verbales et non verbales, constitue la pierre angulaire des soins de fin de vie. Il faut savoir que l'enjeu du «prendre soin», à l'hôpital comme au domicile — mais au domicile il est plus prégnant — est une complicité sans réticences.

D'aucuns demandent s'il faut vraiment que parents, amis, voisins s'embarrassent d'une formation ? Bien sûr que non. L'on entend par formation, la remise en question d'un savoir-faire et d'un savoir-être propres à des personnes engagées dans une responsabilité où «prendre soin» relève d'une compétence à multiples facettes. Ce serait cependant faire erreur de croire que la formation a réponse à tout. La mort nous fait violence. C'est à cet état de fait que la formation tente, non pas d'apporter des réponses, mais des moyens de soigner en même temps que d'élucider les interrogations qui nous habitent, parfois nous taraudent. **La formation est un devoir qui relève du privilège d'être médecin, infirmier(e), bénévole, para médical, famille proche, en bref «soignant» au sens précis de la fonction et au sens large de la relation.**

Parmi les difficultés que doivent affronter les soignants au domicile, la plus fréquemment évoquée est la solitude face à l'impuissance, face à la mort. C'est là, au carrefour des solitudes, que se révèle le besoin de formation et de formation continuée, lieux où les soignants, (bénévoles assimilés, surtout au domicile), quelles que soient par ailleurs leur expérience et leur compétence, peuvent exprimer des peurs réveillées, des souffrances exacerbées, des questions restées en suspens, des ras-le-bol légitimes. Ce n'est pas un paradoxe d'affirmer que pour trouver la capacité d'écouter, d'accompagner et de nouer des relations authentiques avec les personnes en fin de vie (quels que soient leurs âges), surtout de maintenir cette capacité à travers tout, il faut avoir expérimenté soi-même le bienfait de parler, d'oser «se dire» et ce faisant, d'avoir été respecté dans son originalité propre, dans son unicité. **Se découvrir et se maintenir** sont deux dimensions de la formation et de la formation continuée. Deux mesures indispensables dans les institutions et dans les associations qui veulent donner à la vie et à la mort leur droit d'ÊTRE.

Ici encore, le travail de formation consistera à mettre en situations (en jeux de rôle) nombre de faits vécus ou de questions posées par les participants. Par exemple, une situation aussi banale — et cependant d'une extrême importance — que la première visite au domicile. Mais aussi l'écoute d'un proche qui multiplie les mises en garde, les conseils voire les critiques. Le piège qui voudrait faire du soignant ou du bénévole le réceptacle et le justicier de conflits familiaux, tout autre chose étant d'aider à faciliter la parole entre le malade et ses proches. La difficulté d'entendre les questions d'ordre existentiel que pose le malade. La nécessité de la discrétion alliée à l'efficacité de la présence!

Les évidences de l'hôpital et celles du domicile ont en commun qu'il va falloir, outre les indispensables priorités médicales, «prendre soin» de celui ou de celle qui, jusqu'au bout de son temps de vivre, est une personne à part entière. Mais au domicile peut-être plus qu'ailleurs, il apparaît que l'accompagnement devient «une mort partagée»!

Pourquoi les soignants craquent-ils ?

Quotidiennement interpellés par la maladie, la douleur, la souffrance, la fin de vie de leurs patients, il n'est pas rare qu'en fin de formation des soignants demandent à être éclairés, voire à être déculpabilisés, au sujet de ce ras-le-bol qui les surprend et les fait douter d'eux-mêmes.

«Qu'est-ce qui nous fait craquer ?» demandait une infirmière en gériatrie. Mais d'autres, à des postes différents (cancérologie, soins intensifs, chirurgie) avaient la même interrogation. Leurs raisons de craquer sont nombreuses, presque aussi nombreuses que les individus puisque pour une grande part elles tiennent à la dynamique interne à chacun. Reste que l'institution en tant que telle, ses règles plus ou moins bien adaptées aux besoins des patients et des soignants, voire les intrusions d'ordre politique et administratif ne sont nullement étrangères au mal-vivre des soignants, dans cette frange professionnelle où la vie et la mort se touchent si fortement que l'on ne peut parler de l'une sans référence à l'autre. Sans parler d'un milieu où le rendement est indispensable ! Où la fatigue, en si bonne santé que l'on soit, peut s'avérer usante. Où la routine, la répétition des situations humaines emportent bien loin les enthousiasmes du début ! Où les frottements dans l'équipe, les exigences de la direction font parfois du travail une jungle ! En substance, c'est finalement moins du travail dont on se fatigue — car ce travail de soignant relève d'un choix personnel — que de tout ce qui l'entoure et le dénature !...

À quoi il faut ajouter, pour la majorité des soignants qui ne sont pas faits autrement que le commun des mortels, l'après-travail, c'est-à-dire la famille, les enfants, la maison, le ménage et ses contraintes. Avec le cumul des tâches et le temps qui passe se pose finalement la question du sens de ce que l'on fait et de la vie que l'on mène...

À la question de savoir ce qui pour eux devient «usant» et après un long moment de réflexion individuelle suivie d'échanges en sous-groupes, des infirmièr(e)s répondent :

- La surcharge de travail en raison du manque de personnel.
- L'accumulation des «coups émotionnels» sans possibilité de décharge.
- La confrontation journalière avec la mort.
- Le déploiement d'énergie face à des familles vindicatives.
- La situation d'abandon de beaucoup de personnes âgées.
- La peur de ne pas y arriver (compétente, efficace et pas fatiguée).

- Les morts fréquentes d'êtres jeunes, dans la force de l'âge, ou parents de jeunes enfants.

À d'autres plans :

- L'obligation de travailler comme un robot, et non comme un collaborateur estimé. Particulièrement quand il faut soigner des personnes séniles ou démentes sans la contre partie de la reconnaissance de notre hiérarchie (home pour personnes âgées).
- Le manque d'esprit d'équipe.
- Des systèmes établis qui bloquent toute possibilité de changement, d'amélilration, d'ouverture.
- L'absence de formation psychologique chez beaucoup en particulier chez les responsables. Un fossé se creuse entre ceux qui se sont formés et les autres.
- La routine, comme un poison invisible mais toxique.
- Des familles exigeantes, paniquées, auprès desquelles les soignants peuvent laisser beaucoup d'énergies, d'émotions, d'efforts pour… rien.

Le soignant face à lui-même

Le burn-out des soignants survient non seulement comme la conséquence psychologique du stress ou comme l'aboutissement de difficultés institutionnelles, sociales, familiales, mais comme un **signe** : le rappel des limites que connaît toute activité humaine; la souffrance d'un monde qui se voudrait sans souffrance.

Autour de la personne malade, âgée ou en fin de vie (encore que souvent l'âge et ses conséquences fassent plus problème que la mort qui peut signifier une délivrance) les illusions tombent, se découvrent, se disent. Les pertes ne peuvent plus être niées. Les soignants sont confrontés à une réalité humaine à laquelle ils n'échapperont pas et quand bien même elle est lointaine pour eux, ils la voient se développer sous leurs yeux et sous leurs mains… À la longue, ils sont en quête du sens de leur travail. **Ils sont des soignants en souffrance.**

Force est de reconnaître que face à la personne gravement malade, âgée ou en fin de vie, les soignants viennent d'une autre planète en raison même de leurs énergies. Heureux (voire soulagés!) d'être épargnés, ils se sentent plus ou moins coupables d'éprouver ce soulagement en même temps qu'une certaine anxiété peu décelable au départ, les gagne et les pousse à se tenir en retrait de ce qui les effraie. Ils essaient de lutter contre la peur en réduisant leurs capacités à penser, surtout à ressentir. Ces comportements défensifs peuvent aller jusqu'à induire une crise d'identité : **les soignants ne savent plus qui ils sont et pourquoi ils sont là.** Encore faut-il préciser qu'à côté des soignants qui essaient de ne pas se laisser toucher par les pertes inhérentes à la maladie et à l'âge, il y a ceux qui au contraire travaillent comme des écorchés vifs, sans recul par rapport aux personnes qu'ils soignent et aux situations qu'ils rencontrent. Le résultat est identique : pour se préserver, les soignants se cantonnent dans la routine.

Rencontres et soins multiples, simultanés, obligatoires puisque inhérents à leur fonction de soignants, répétitifs surtout, dont les enjeux sont souvent sinon toujours immédiatement décisifs, maintiennent les soignants dans un état d'usure chronique. Qu'ils le veuillent ou non, touchés par le mal progressif ou agressif des personnes dont ils prennent soin, atteints qu'ils le veuillent ou non par l'inconnu de la mort, ils en arrivent à perdre tout recul, voire à ne plus se poser de question du tout. **Leur souffrance est devenue existentielle.** La source de ce syndrome de dépression, pour l'appeler comme cela, mais aussi de dépréciation de soi ne se trouve pas uniquement dans le stress du travail, mais s'alimente de la réactivation des problèmes personnels du soignant, problèmes familiaux, problèmes dûs à lui-même. L'addition peut-être lourde…

Et ils craquent ! C'est alors que pour se défendre autant que possible contre le sentiment d'impuissance, d'échec, de perte, certains sont tentés de considérer la vieillesse et la mort comme des événements sans espoir, banals presque, ne nécessitant ni réaction ni commentaire particuliers, rien en somme qui raviverait ou risquerait de raviver la gravité des situations auxquelles, en tant que soignants, ils sont quotidiennement confrontés. Après avoir ainsi désinvesti les patients, ils sont amenés à se désinvestir eux-mêmes en tant que «bon soignant»; à désinvestir l'institution en tant que source de satisfactions professionnelles, et à développer un sentiment d'échec et de culpabilité chronique.

Refouler ses émotions devient alors impératif : «Allez la vie continue, au travail !» Tout questionnement est abandonné sur soi, sur la vieillesse, sur la mortalité. La dimension relationnelle des soins ou de l'accompagnement est «larguée» au profit de la routine et de la seule efficacité.

Un lieu de parole

Une question ouverte s'impose. Ouverte signifiant qu'une réponse ici et maintenant n'est pas nécessairement attendue, que cette interrogation peut rester fichée au creux de soi. Le creux où les mots que l'on dit comme ceux que l'on tait rejoignent le mystère que chacun est à lui-même.

Au cœur de sa vie et à long terme, pour le soignant soumis quotidiennement à la radicalité de la souffrance et de la mort, quels retentissements, quelles ténèbres et quelles lumières se frayent en son être ?

Reste que vieillir et mourir demeurent un destin humain «quoi que je fasse».

D'où le désir de «prendre soin» de cet autre, de ces autres qui nous précèdent sur le chemin de la vie et de la finitude. Prendre soin non comme s'il s'agissait d'apporter une solution à un problème, en caressant l'espoir utopique d'une guérison impossible, d'une vieillesse qui vous laisserait intacte, d'une mort qui serait la «bonne mort», mais prendre soin à la manière d'un passeur qui cherche à préserver l'identité et la dignité de celui qui passe...

Ceci dit et véritablement élaboré par les participants, intervient la question : **peut-on prévenir le ras-le-bol, le burn-out, la déprime, le doute ?**

— Ça vous prend sournoisement...

— Je ne vais tout de même pas changer de métier...

— De toute façon je ne sais rien faire d'autre.

— Se ressourcer ne change pas le métier qui est ce qu'il est...

— Est-ce que ça ne va pas me faire vieillir plus vite que les autres ?

— J'aime mes patients mais je n'aime plus ce que je fais, c'est à n'y rien comprendre.

— Peut-être qu'en parlant... mais à qui et où ?

— Je ne vais tout de même pas me taper une thérapie en plus du boulot...

Prévenir, comment cela ? En parlant! D'où la nécessité impérieuse des lieux de paroles, dans l'institution ou ailleurs, mais des lieux où puisse se dire ce qui n'est pas dicible n'importe où. Des lieux pour les mots qui disent les maux et permettent à celui ou celle qui les prononce, de se revivifier de l'intérieur. Des lieux où chacun peut s'exprimer librement, sans la

crainte d'être jugé et avec le désir de développer son potentiel relationnel, sa compétence professionnelle, son ouverture à la vie.
Une participante infirmière d'annoncer : *«Je suis parvenue à convaincre ma hiérarchie de l'importance d'un lieu de parole. Cela va changer beaucoup de choses, non seulement individuellement mais dans l'équipe aussi.»*

Bénévoles, au service de l'humain

L'éthique du bénévolat

Les bénévoles et candidats bénévoles sont en nombre dans les groupes de formation. Il est remarquable que des personnes de tous âges et de toutes conditions sociales, de plus en plus nombreuses aussi, s'offrent à rendre service dans un esprit de gratuité. La seule rémunération qui est la leur est la satisfaction qu'elles retirent de ce qu'elles font et de ce qu'elles donnent d'elles-mêmes. De ce qu'elles font non par devoir, moins encore par goût du sacrifice, à peine par dévouement, mais dans un esprit de solidarité.

«Rien ne me déplaît plus que le dévouement que des gens bien intentionnés m'attribuent» disait une bénévole! Et de réfléchir à l'éthique du bénévolat.

Le bénévolat procède d'un désir de *se rendre* ***solidaire*** des autres, d'une capacité d'*éprouver du plaisir* dans le travail choisi, d'une possibilité de *disposer de soi*. Lorsque des candidats bénévoles présentent leurs services à un organisme, à une association, à une institution de soins, ils sont interrogés sur leurs motivations, et répondent en général qu'ils souhaitent aider les autres et, ce faisant, se rendre utiles, faire quelque chose. Aucune de ces motivations ne manque de vérité. Mais peut-être est-il nécessaire de souligner qu'il y a deux manières de vouloir «aider» bénévolement les autres : par dévouement et par solidarité. Le bénévolat s'inscrit et se définit dans la solidarité, ce qui ne signifie pas que le dévouement n'y soit pas présent aussi.

La solidarité donne à ceux et celles qui ont besoin d'aide de se sentir dans une relation égalitaire avec l'aidant. C'est-à-dire de se sentir écoutés, reçus, accompagnés sans obligation de signer une dette de gratitude. Ils ne doivent rien à celui ou à celle qui les ont aidés, même si, grâce à leur intervention, ils souffrent moins, voire ont trouvé une solution à leur mal. La solidarité permet de rejoindre l'autre là où il en est avec sa vie, avec lui-même, avec ses espoirs et ses désespoirs, et l'y rejoindre non par devoir de charité, mais par désir de charité, ce qui donne à ce terme désuet pour les uns, controversé pour les autres, une signification combien plus véridique. En effet, il est une déviation des notions de dévouement et de charité avec laquelle le bénévolat ne saurait s'accorder : une certaine manière, sous prétexte de dévouement, de faire de la personne aidée l'obligée de l'aidant et de ce dernier un saint parmi nous !

Le bénévolat requiert un engagement

L'engagement, qu'est-ce à dire pour des personnes bénévoles dont le travail est censé échapper aux contraintes de l'obligation ? Dans les organismes sociaux et caritatifs, dans les associations pour l'accompagnement des malades et des mourants, dans les institutions de soins, bref partout où l'apport des bénévoles est nécessaire et bénéfique, la notion d'engagement devient indispensable. Car comment poursuivre un programme d'activités avec des bénévoles dont l'état d'esprit relèverait de l'amateurisme ? C'est dire que si le bénévolat échappe aux contraintes du donnant donnant, il n'échappe aucunement aux contraintes de l'engagement dans la voie choisie. La liberté de choisir son mode et son temps de travail implique l'obligation morale de s'engager avec sérieux et continuité. C'est d'ailleurs la notion d'engagement qui permet et protège un bénévolat efficace, donc utile; compétent, donc humain.

En des moments de fatigue et de lassitude auxquels n'échappent pas plus les bénévoles que les professionnels, d'aucuns pensent non sans raison qu'à défaut de rémunération matérielle, des encouragements et une reconnaissance du travail accompli seraient bien mérités. La gratuité ne trouve pas toujours sa récompense, et qui peut se targuer d'y renoncer complètement ? C'est ici que se pose la question du plaisir qui accompagne ou devrait accompagner toute démarche bénévole. Un plaisir qui relève de la valorisation et de la satisfaction que, très légitimement, tout bénévole attend dans l'engagement auquel il a consenti.
Mais le plaisir, c'est aussi quand les satisfactions se font rares, de s'appuyer sur un bonheur personnel indépendant des apports extérieurs. Autrement dit, aimer ce que l'on est dans ce bénévolat-là, aimer ce que l'on y fait, aimer ce que l'on y donne de soi doivent suffire au plaisir d'être bénévole. Faute d'éprouver ce plaisir personnel, le bénévole doit se demander si ce type d'engagement est bien celui qui convient à sa personnalité, à son style de vie, à son âge, à ses goûts.

À la question de savoir quelles sont les qualités requises pour le bénévolat qui s'exerce en institution hospitalière ou au domicile du malade, les participants évoquent :

- **La discrétion** souvent nommée en premier lieu, appelée aussi le devoir de réserve. Savoir entrer dans la vie de quelqu'un ou d'une famille (à domicile surtout) sur la pointe des pieds, en sortir de la même façon.
- **Le respect** des personnes omniprésent dans les réponses apportées par les bénévoles. Le respect des différences, des croyances mais aussi et d'abord le respect de comment chaque malade traverse personnellement sa maladie, le respect de comment chaque famille vit son épreuve.
- **L'intelligence** du moment ou de la situation, ce qui exige du doigté et de l'intuition.

Ces qualités étant largement définies dans des contextes vécus par les participants et qu'ils racontent pour en tirer les conclusions qui s'imposent, le formateur propose de cerner cette fois les qualités intrinsèques à chacun dans son bénévolat.

Les réponses témoignent de l'évolution des participants :

- **La capacité de se remettre en question**, de travailler en équipe, de laisser à d'autres le travail commencé par soi ou de le reprendre là où ces autres l'ont laissé.
- **L'écoute attentive** (une écoute écoutante disait quelqu'un) qui se fait sans activisme, sans dogmatisme, sans directivité.
- Une manière d'**aller vers l'autre** sans avoir besoin de se rendre utile à tout prix, ce qui serait une manière subtile de l'emprisonner dans notre besoin qu'il ait besoin de nous !
- **L'acceptation de nos fragilités, de nos impuissances, de nos frustrations,** car elles nous font solidaires de l'humanité douloureuse du malade et du mourant.

La présence des bénévoles est à ce point prégnante, particulièrement au chevet des grands malades et des mourants, qu'un médecin en Soins Palliatifs [1] n'hésite pas à écrire :

> «Le monde des soignants constitue un corps clos et le corps hospitalier quant à lui est encore une «boîte dans la boîte». Il court donc le risque de se replier sur lui-même et de fonctionner en routine sur des habitudes acquises. À l'abri du regard du public, il peut évoluer, sans malveillance aucune, vers la technique, vers une distanciation de plus en plus accentuée d'avec le malade et, au terme,

1. Docteur Maurice Abiven, in Cahiers Laennec, Mars1990.

vers une déshumanisation de son travail. Les bénévoles nous posent des questions opportunes.
... Si par mégarde, notre pratique au sein du service dérapait vers une orientation purement technicienne, j'ai la conviction qu'ils sauraient nous le faire remarquer... Ils rappellent aux soignants que les malades ne demandent pas seulement à être soignés pour leurs maux : ils faut les aider à vivre humainement leur fin de vie.»

Et s'il arrive que d'aucuns regrettent une certaine rivalité entre soignants professionnels et bénévoles au sein de l'institution hospitalière, une infirmière témoigne de ce que «la présence des bénévoles renforce la sécurité du malade et diminue le stress de l'infirmière. Si l'atmosphère paisible et tranquille du service est souvent appréciée, la présence des bénévoles y est pour beaucoup.» [1]

Une participante, bénévole déjà expérimentée soulignait que dans le bénévolat intervenait *«la dimension du petit»!* En ce sens qu'auprès du souffrant, qui plus est du mourant, un retournement de priorités est indispensable et que le bénévole peut en être l'instigateur, celui qui interrompt les automatismes des gestes professionnels, quand bien même ceux-ci sont indispensables. Celui qui fait de ce qui est petit voire anodin en regard de l'enjeu médical, quelque chose d'essentiel.

L'oreiller mieux mis, l'eau de cologne à portée de main, la photo bien tournée vers soi, le robinet et son goutte à goutte énervant arrêté, le soleil qui gêne tamisé, l'instant ressourcé... Le travail du bénévole ? Un travail informe mais qui met de la vie jusqu'à la fin de la vie, de manière exceptionnelle...

PARCOURS

Le «face à l'autre» n'est pas le moins impliquant des modules de la formation. Accepter de rencontrer l'autre, de l'écouter dans sa traversée personnelle suppose chez l'écoutant une «compromission» qui peut le remettre en cause dans son propre itinéraire humain et spirituel.
Ainsi en témoigne une bénévole :

1. Anne- Marie Carlier, Hôpital international de la Cité Universitaire, Paris, Cahier Laennec Mars 1990.

«L'accompagnement des mourants dans l'unité de soins palliatifs m'a appris quelque chose dont je n'avais pas conscience et qui maintenant bouleverse ma manière d'aborder la vie, les êtres et les choses : l'acceptation de la démaîtrise. L'écrivain signe son livre et s'en défait. Les parents élèvent leurs enfants et s'en séparent. Le chirurgien sauve la vie de son patient et ne le voit plus. Les soignants prennent soin de malades qui quittent l'hôpital. Vous écoutez quelqu'un et ce quelqu'un s'en retourne en emportant votre écoute. Vous accompagnez un mourant et puis un jour vous restez là, les mains vides. La maîtrise sur la vie est une illusion, seul demeure ce qui a été donné, et encore vous ne savez pas ce qu'en fait l'autre. Ne croyez pas que je sois devenue défaitiste ou triste. Délestée de mon illusion, je me sens légère, pacifiée, heureuse de vivre et disponible.»
(témoignage écrit)

À QUELQU'UN QUI SOUFFRE, QUE LUI DIRE ?

Toute souffrance — subie ou écoutée — nous renvoie au désir d'être désaltéré, rassasié, délivré du manque, de la séparation, de la maladie, de l'échec, de l'incertitude, de l'anonymat.

L'anonymat est la mesure d'une forme d'humiliation qu'éprouvent des personnes malades, âgées, fragiles lorsqu'elles sont réduites à la seule dimension de leur maladie, de leur âge, de leur fragilité. Réduites à n'être qu'un objet de soins, l'essentiel d'elles-mêmes n'ayant plus de nom autre que celui de leur organe malade.

«En entendant l'infirmière (elle parlait à quelqu'un dans le couloir devant ma porte ouverte) me désigner par le nom de mon cancer, je me suis sentie comme si je n'étais qu'une chose! Je vaux tout de même plus que ça!»

D'où la question : «À quelqu'un qui souffre, que lui dire» ?

Les réponses sont multiples à cause de la diversité des participants et en raison des situations humaines complexes. Néanmoins, parce que toute rencontre avec autrui nous renvoie à nous-mêmes, il faut à cette interrogation en substituer une autre : **«Quelqu'un qui souffre, qu'éveille-t-il en nous ?»**

Toute écoute engage un changement, tant en celui qui se fait «écoutant» qu'en celui qui bénéficie un moment d'une oreille attentive. Celui qui est écouté, parce qu'il est écouté, peut prendre conscience de lui-même dans la réalité qui est la sienne. Celui qui écoute, parce qu'il écoute, s'offre nécessairement à des décantations personnelles. Si bien qu'à quelqu'un qui souffre, l'écoutant ne dit rien d'autre que lui-même, mais beaucoup moins avec des mots qu'avec du respect, de l'empathie, de la réserve, de la tolérance, de la modestie et son propre travail de démaîtrise.

L'ÉCOUTE AU SEIN DE LA FAMILLE

« Dès qu'il s'agit de la famille, c'est une autre affaire » observent tous les participants !... Pourtant, au terme de la session, la plupart d'entre eux relèvent les changements bénéfiques survenus dans l'écoute de leurs proches. Mais outre cette évolution, d'ailleurs souhaitée par tous, l'écoute des proches et celle des personnes extérieures à la famille sont différentes, essentiellement dans leur implication affective.

L'écoute extérieure, à fortiori quand elle émane d'un professionnel, exige nécessairement de l'écoutant qu'il fasse le deuil d'une relation affective à laquelle pourtant aspirent beaucoup de ceux qui souffrent de solitude, de séparation, de frustrations, d'incapacité à dire le manque fondamental qui les écorche. Ce qui constitue « l'écoute aidante », comme disent des participants, c'est le deuil que l'écoutant est apte à faire de ses propres affects et désirs, afin que celui qui « se dit » puisse s'entendre dire ce qu'il dit et se sentir exister. Au surplus, l'écoute ayant un caractère provisoire, une distance intérieure est indispensable pour que la vie de chacun reprenne ensuite ses droits et ses nécessités, aussi bien pour celui qui écoute que pour celui qui parle.

Dès lors qu'il s'agit d'un proche et de la famille, l'écoute s'établissant dans un lien préexistant, est-il possible à l'écoutant de prendre distance de ses sentiments positifs ou négatifs, de ses engagements ou désengagements affectifs ? Non qu'un proche ne puisse pas écouter, mais il le fera autrement, avec une efficacité différente de celle d'un écoutant étranger. L'écoute « aidante » apportée par un proche tient à ce qui se remet librement en marche chez celui ou celle qui est en peine de retrouver des forces et de la liberté intérieure. Si rien ne bouge, si rien ne se fait et qu'au contraire s'établit une dépendance supplémentaire à l'égard du proche écoutant, c'est que son écoute si bienveillante soit-elle, est inopérante. Il faut proposer celle d'une personne extérieure, habilitée à... écouter !

Nombre de familles, de parents, d'amis ont peine à comprendre et à accepter que celui ou celle dont ils sont précisément si proches ne puisse pas trouver dans leur amour, dans leur présence, dans leur amitié pourtant réconfortante, l'aide dont ils ont besoin. À l'inverse, des personnes éprouvées ne comprennent pas davantage que leurs proches ne puissent répondre à leurs attentes, à leurs questions, à leurs exigences…

C'est assez dire que pour qu'il y ait écoute, il faut qu'il y ait distance. La distance qui permet d'écouter l'autre et de le voir ! Selon la belle formule de Socrate : « Parle un peu, que je te voie ».

Chapitre 6 *L'accompagnement ultime*

«Dans sa vulnérabilité, ce visage séparé de moi
par la distance invisible
de l'altérité me requiert
impérativement.»

Emmanuel Levinas

Une question est fréquemment posée :

«L'accompagnement est-il différent selon que le malade est croyant ou non ?»

À chacun de répondre selon son expérience, son approche du malade, son intuition :

- Écoute et accompagnement ne sont pas différents, mes références religieuses n'entrent pas en ligne de compte.
- D'abord le respect de ce que l'autre est tel qu'en lui-même.
- Je ne cherche jamais à convaincre qui que ce soit de quoi que ce soit.
- L'absence d'espérance des personnes athées me met mal à l'aise, je ne sais comment leur parler et moins encore répondre à leurs questions.
- La religion fonctionne parfois comme une défense ou une construction, dans ce cas comment réagir vis-à-vis de l'autre ?
- Vis-à-vis du non-croyant, je n'ai pas d'arguments et l'échange tombe dans le vide.
- Plus facile avec quelqu'un qui vit la même dimension religieuse que moi, même si c'est un autre Dieu, mais la fin de vie d'une personne athée peut être très belle.

Aux plans humain, psychologique, affectif et spirituel, l'accompagnement des personnes en fin de vie ne diffère pas selon leurs options philosophiques. Au surplus, il ne faut pas confondre dimension spirituelle et dimension religieuse. Le contact avec les malades et les mourants nous confirme que l'on peut vivre une spiritualité sans pour autant adhérer à une religion et croire à ses dogmes. Par contre, la dimension religieuse de l'accompagnement requiert la reconnaissance d'une appartenance, d'un engagement, d'une foi. Ce qui n'implique aucunement que l'entourage hospitalier, familial ou autre doive adhérer à la même foi que le malade. La foi reste de l'ordre de l'expérience personnelle et dans le décours de la formation, il faut souvent entendre «Dieu» comme l'expression d'une transcendance que chaque être humain vit et définit de manière personnelle.

Les réponses des participants mettent en évidence combien l'accompagnement est une écoute de l'autre dans le respect et l'acceptation de ses propres choix. Ces mêmes réponses soulignent la difficulté d'aborder les différences essentielles, de les écouter en ayant appris à ne pas considérer l'autre, athée ou agnostique, comme quelqu'un auquel il manquerait quelque chose, en l'occurence la foi ! Mais comme quelqu'un qui vit autrement son présent, a d'autres finalités pour son avenir et donne d'autres critères à ses choix ultimes.

Reste qu'au-delà de leurs divergences, croyant et non-croyant se retrouvent face à une étape qui est pour l'un et l'autre, bien que de manière différente, la fin de quelque chose et confirme combien la qualité des rencontres ultimes est essentielle à l'accompagnement, aussi longtemps qu'il y a vie. [1]

Néanmoins, dans sa dimension religieuse, l'accompagnement des grands malades et des mourants exige le respect inconditionnel de la foi de chacun d'eux en une Personne qui peut avoir divers noms selon l'appartenance religieuse, une Personne qui a été, qui est et restera jusqu'au bout porteuse de sens. Pour le chrétien, sa foi est adhésion au Christ, filiation à Dieu, ce qui donne à cet accompagnement-là une dimension non pas supplémentaire, non pas supérieure, mais une dimension autre. *«Besoin de Dieu pour franchir l'étape ultime»,* disait un malade. Et comme on lui demandait pourquoi Dieu, il répondit :
«Parce que c'est Lui et parce que c'est moi.»

À quelque niveau qu'il se situe et dans quelque situation qu'il s'effectue, l'accompagnement ultime relève beaucoup moins de quelque chose qui puisse encore être fait que de quelqu'un à rencontrer là où il en est avec lui-même sur le chemin de son humanité, de sa spiritualité, de sa foi. Il existe une tentation de l'impatience religieuse (et même de la précipitation sacramentelle) comme il existe aussi un excès de prudence voire une sorte de respect humain à parler de «ces choses-là» et à s'y impliquer en tant que soignant, accompagnant, proche du malade. L'accompagnement religieux n'est ni impatient ni prudent, il est attentif.

Il ne s'agit pas auprès de la personne en fin de vie de tenir un discours théologique, d'avoir réponse au problème du mal et de la souffrance. Il s'agit essentiellement d'écouter, donc d'entrer en relation avec quelqu'un qui cherche peut-être une cause à sa souffrance, cherche surtout à être entendu dans ses interrogations et rassuré dans son attente ultime. Quiconque prétend soigner, accompagner, partager, doit et devra se soumettre à un mouvement de conversion intérieure — renouvelée auprès de chaque mourant — parce que pour parler en vérité de l'homme souffrant, et à l'homme souffrant, il faut avoir réconcilié à l'intérieur de soi-même la vie avec la mort.

Demeure la résurrection, pierre d'achoppement sur le chemin du croyant et souvent dans sa relation avec le non-croyant. *«Je vais enfin savoir»*, disait Dolto peu avant de mourir! *«Si je savais, j'aurais la foi»,* disait un homme politique. Mais la foi, n'est-ce pas précisément le pari de la confiance et de l'espérance face au doute et à l'ignorance ? Pourquoi reléguer la résurrection après la mort, quand elle est dès l'instant présent

1. L'accompagnement spirituel, in Jalmalv n° 22, sept. 1990.

une manière de vivre, d'aimer, de travailler, de prendre du plaisir, de souffrir, de guérir, de mourir ? La résurrection n'est pas qu'une perspective, elle est maintenant une réalité inscrite dans tous nos mouvements de conversion, d'approfondissement et de plus-être. Elle est chaque jour une possibilité qui justifie nos entreprises humaines, les soutient, leur donne sens jusqu'au bout et quelle qu'en soit la finitude.

Interrogations

Reste que l'accompagnement ultime, le dialogue ultime se terminent sur un point d'interrogation. Pour les soignants, qui accompagnent beaucoup de personnes en fin de vie, beaucoup de mourants, quel va être le fondement de ce dialogue ultime ? Ce temps passé auprès du mourant, ce temps chaque fois recommencé, comment va-t-il permettre à chacun, le proche, le soignant, le bénévole, une réponse personnelle à :

« Pourquoi je vis, pourquoi je meurs ? »

Difficile de rencontrer ces questions auxquelles nous sommes incapables de répondre ! Et pourtant ce sont en filigrane celles du malade comme ce sont les nôtres, croyants ou non. La diversité du vécu des mourants — un même malade peut passer d'un jour à l'autre, parfois d'une heure à l'autre, par des états d'âme très différents — rend illusoire et inopportune toute recherche de réponse préparée.

Ce dont le malade a le plus besoin dans la phase ultime de sa vie est d'entrer en relation avec quelqu'un.Or, l'interdiction que nous nous donnons d'avoir peur, d'être nous aussi vulnérables, de ne pas savoir exactement quoi répondre, d'être différents, constitue notre plus grande impossibilité à communiquer. Pourtant au- delà de ses interrogations, le malade attend que nous lui montrions que nous sommes proches de ses inquiétudes les plus existentielles, que nous nous tenons du côté de ses doutes. D'autant plus que l'expression spirituelle et religieuse du mourant n'est pas nécessairement là où nous l'attendrions, où nous voudrions qu'elle soit. Vie spirituelle et vie religieuse sont imbriquées dans une histoire personnelle qui balise la rencontre ultime du malade avec les siens, les soignants et les bénévoles, de manière le plus souvent imprévue, inattendue, baignée dans le mystère du moment.

« Ce Dieu absent qui fait problème, ce Dieu censé aimer la souffrance », [1] voilà deux expressions qui provoquent des réactions en

1. Titres de deux livres de François Varone, Ed du Cerf, 1985 et 1991.

sens divers chez les participants, mais chaque fois personnelles, issues du fond de soi. Amenées sans préparation, comme par surprise, ces deux objections (sous d'autres formes et avec d'autres mots, elles sont souvent celles des participants) obligent à une décantation de ce à quoi l'on croit ou l'on ne croit plus.

— Dieu est insensé... D'ailleurs «Dieu» et «absent» sont inconciliables.

— Ça me fait bondir l'idée que Dieu aimerait la souffrance. C'est une projection de l'homme sur Dieu et cela me renvoit à moi-même quand je ne lâche pas mes souffrances, que je m'y accroche comme pour ne pas les perdre...

— Croire en quelqu'un qu'on ne voit jamais, difficile!

— Ce que l'on prend pour l'absence de Dieu n'est que le signe tangible du respect qu'Il a de notre liberté, de nos libertés.
La seconde réflexion est absurde...

— La première réflexion s'inscrit dans la foi.

— La seconde supporte le poids d'une éducation religieuse dont je rejette aujourd'hui la perversité.

— Ces deux réflexions me cognent, il y a du vrai et du pas vrai, il faut que j'y pense.

— Lancées comme cela, ces deux phrases font une brèche dans les certitudes qui m'arrangent : je vais devoir bouger!

L'accompagnement ultime expose notre écoute à des effets que nous ne pouvons prévoir, à des questions ou réflexions qui peuvent nous atteindre au plus vulnérable de nous-mêmes, au cœur même de nos doutes ou, au contraire, de nos certitudes. D'où la nécessité pour qui se met à l'écoute du plus souffrant d'avoir réfléchi à ces questions, dans tous les cas de ne pas les avoir esquivées, afin de pouvoir, chaque fois qu'il est fait appel à son écoute, à ses soins, à sa présence, découvrir et redécouvrir en lui la source qui lui permet d'être en relation avec le malade et le mourant.

La vie et la mort ne posent finalement (in fine) qu'une question, une seule, mais de taille :

«Que vaut ma vie en terme d'amour ?»

Nul besoin d'être croyant pour s'interroger de la sorte, par contre le croyant ne peut se soustraire à l'irréversible de ce cri plus fort que sa religion! Comme le soulignait une participante, la religion peut en effet servir de défense, de paravent, de refuge, d'exorcisme à la peur, entre autres de mourir. Mais le souci obsessionnel du refuge religieux est sans rapport avec la foi qui, elle, assume les doutes et les décantations qui l'habitent inexorablement.

Les besoins spirituels sont inhérents à tous les vivants. Les besoins religieux le sont à tous les hommes de foi. L'accompagnement des uns et des autres en leur fin de vie ne consiste pas à convaincre ou à approuver qui que ce soit mais à donner place à chacun dans notre écoute et notre approche, place qui lui donne d'être tel qu'en lui-même et appelé par son nom.

À une vieille et douce dame hospitalisée et toute proche de sa mort, l'infirmière demande : «Madame, que puis-je encore faire qui vous fasse plaisir ?» Et la dame de répondre dans un souffle : «Appelez-moi Céline.»

L'accompagnement ultime ne sait pas ce qu'il est, pas davantage ce qu'il fait. Il ne voit pas ce qu'il donne, pas davantage si ce qu'il donne est reçu... L'accompagnement ultime sait seulement qu'il a quelqu'un à rencontrer et que rien ne lui appartient de ce qui créera cette rencontre...

La question sur la vie et sur la mort est donc au cœur de l'accompagnement des grands malades et des mourants. Il y est répondu par notre *compréhension* empathique laquelle tient à notre propre questionnement sur le vivre, le vieillir, le mourir. Notre propre *vulnérabilité* reconnue et assumée nous offre d'accompagner le malade dans ses interrogations, ses doutes, son cheminement. Notre *authenticité* nous permet d'être sans masque, et de donner ainsi au malade la permission et la facilité d'être lui-même sans masque et sans crainte d'être jugé ou rejeté.

Il va sans dire que l'accompagnement des grands malades nécessite en général l'intervention du prêtre, de l'aumônier dans l'institution hospitalière, du ministre du culte ou de toute autre personne demandée par le malade. Mais l'infirmière par sa présence fréquente, le visiteur bénévole par sa relation privilégiée avec le malade, le proche par ses antécédents affectifs, parfois l'étranger par son affinité existentielle, pourront — ou l'un d'entre eux pourra — aider la personne en fin de vie à exprimer ses besoins spirituels et religieux, voire à en prendre conscience s'ils ont été enfouis sous les scories de sa vie.

Tout le monde n'étant pas fait pour tout le monde, et nulle improvisation n'étant possible face à la mort, l'accompagnement ultime exige donc des soignants — au sens large du mot — qu'ils soient aptes à prendre en compte la dimension spirituelle et religieuse des patients. Dans le contexte des soins palliatifs particulièrement, tout soignant doit avoir un minimum d'initiation pour pouvoir reconnaître chez le malade l'expression d'un besoin spirituel et religieux, pour pouvoir favoriser cette expression et être en mesure d'y apporter son écoute.

Le mythe de la «bonne mort»

Tout ceci dit, gardons-nous du mythe de «la bonne mort»! Comme du mythe de l'accompagnement idéal. Le mythe fait appel à l'illusion pour apaiser nos angoisses. Pour les soignants qui vivent la mort comme un échec, et leur impuissance à guérir les malades comme une culpabilité, la mort rapide, inconsciente, discrète deviendrait la «bonne mort». Pour ceux que la fin de vie consciente, accompagnée, préparée confirme dans leur rôle de soignants et d'accompagnants, c'est cette mort-là qui revêtirait les qualités de la «bonne mort». Or, le «mourir» échappe aux tentatives du mythe, de l'explication, de la justification, de l'aseptisation! Quant à l'accompagnement, il ne se fait pas en fonction de telle ou telle représentation de la mort, de tel ou tel projet sur le mourant et sa manière de mourir, mais en respectant ce qu'il en est du mourir de chacun, dans ce qu'il a de singulier et de personnel,de beau ou de misérable. Des fins de vie sont si proches de la paix et de l'amour qu'elles en éclairent notre propre existence au quotidien. D'autres nous laminent et nous bouleversent, pour un temps ou pour longtemps! Toutes nous laissent sur une question éveillée ou réveillée : ***Quel sens donner à ma vie, sachant que je peux mourir aujourd'hui ?***

L'accompagnement ultime est *une mort partagée,* non dans la manière de mourir, mais dans le sens donné à la mort. Et moins le sens donné à la mort, que le sens que la mort donne à la vie! Il faut une écoute attentive pour ne pas tomber dans le piège qui consiste à vouloir proposer un sens à l'expérience d'autrui, comme si nous savions mieux que lui ce qu'il en est de sa propre existence! Néanmoins, le paradoxe de la vie et de la mort, c'est que lorsque tout vous lâche, lorsque survient la souffrance, se creuse la solitude, vous envahit la tristesse, s'impose la finitude avec son cortège de séparations, il se produit comme une vague de fond, sorte de mouvement intérieur qui s'empare du vivant — le mourant est un vivant jusqu'au bout — et qui a pour noms l'amour, le don, la foi, l'espérance! C'est selon… C'est que la confrontation avec la souffrance, avec l'épreuve, avec la difficulté de vivre et celle de mourir change la hiérarchie des valeurs, et des relations. C'est pourquoi, auprès de la personne qui arrive en fin de vie et au chevet du mourant, le médecin, l'infirmier(e), le proche, le bénévole,ou tout autre accompagnant religieux ou laïc sont par la vie et la mort sollicités de se rendre... c'est-à-dire de se laisser «atteindre» au sens le plus vivant du mot!

L'ultime «prendre soin»

Les malades en fin de vie peuvent être accompagnés de plusieurs manières, ce sera selon ce qu'ils désirent. Des relations familiales et amicales suffisent à soutenir certains d'entre eux. D'autres souhaitent y ajouter un accompagnement psychologique au niveau de ce qu'ils ressentent, de ce qui leur arrive, de ce que l'approche de la mort éveille ou réveille en eux. La question du sens de la vie se pose là dans sa dimension humaine, affective, spirituelle.

Le malade peut également avoir besoin d'un accompagnement religieux par une personne de son choix et qui partage les mêmes convictions que lui. La question du sens de sa vie touche là à sa foi.

Des malades s'en tiennent avec leur entourage au partage de leurs orientations philosophiques, de leur recherche intellectuelle, de leur quête existentielle. Certains ne s'expriment pas sur leur fin de vie, ce qui ne signifie pas qu'ils ne se sentent pas concernés par le sens de ce qu'ils vivent et traversent.

Tous ces accompagnements et leurs différentes composantes affectives, psychologiques et philosophiques ont une dimension commune : **leur humanité d'abord!**

Dans son rapport à la VIE et à la MORT, la question sur les besoins spirituels et/ou religieux des mourants interpelle chaque participant, qu'il ait ou non l'expérience d'un accompagnement ultime et quels que soient scs choix philosophiques.

Dans l'ensemble, des réponses franches ou balbutiées rejoignent les approches suivantes :

- Quand le malade sait et sent qu'il mourra dans un délai plus ou moins proche, il éprouve souvent le besoin de mettre de l'ordre dans ses sentiments, dans ses affaires s'il ne l'a déjà fait et s'il en a la force, dans sa conscience personnelle et religieuse. Cette sorte de purification de soi, et de soi avec les autres, touche aux contingences de la vie mais aussi aux sentiments, aux doutes et aux culpabilités justifiées ou non, parfois aux scrupules qui encombrent la mémoire et ne laissent pas de place à l'esprit d'enfance dont le mourant a grandement besoin pour passer de vie à trépas, ou de la vie à la Vie, c'est selon sa foi. Pour tous, la naissance et la mort se rejoignent dans une même démarche : ***le lâcher prise!***

- Des malades déclarés non croyants disent que face à la mort «quelque chose d'indicible à l'intérieur de soi s'éveille, comme un espoir».Il y a dans tous les cas chez la personne en fin de vie le besoin d'enraciner son existence dans une transcendance qui l'assure que sa vie a valu la peine d'être vécue et qu'elle ne va pas se désagréger dans le néant.

- Des malades et des personnes en fin de vie, souhaitent remettre leur existence entre les mains de quelqu'un, comme pour léguer un message qui résume l'essence de leur vie. Ce besoin de donner mémoire à son existence en la remettant à autrui — ce peut être un conjoint, un proche, un ami, Dieu — se double donc souvent du besoin d'avoir auprès de soi quelqu'un qui soit présent et témoin de cet événement capital qu'est le mourir. D'ailleurs, l'approche de la mort suscite souvent un appel à la foi en une transcendance, dans la mesure où elle met ou remet en cause le sens de la vie et ses valeurs intangibles.

- L'impact des sacrements dans la vie du croyant qui se prépare à mourir est une force vive. Peu importe d'ailleurs la pratique religieuse antérieure, c'est le rite qui trouve ou retrouve sa force d'enracinement spirituel, communautaire et religieux. Les sacrements à l'heure de la fin de vie plus encore qu'à tout autre moment, sont à la fois mémoire et signe de filiation à Dieu, sorte d'élan vital jusques et y compris dans la mort, passerelle vers l'éternité.

- Des malades croyants ou non apprécient beaucoup la présence de bénévoles et il n'est pas rare qu'ils se confient à l'une d'entre elles, ou l'un d'entre eux. Ils les sentent disponibles, présents autrement que les soignants et c'est cet «autrement» qui fait la différence. (Ce n'est pas ici une critique portée à l'égard des soignants, c'est une constatation relative au rôle de chacun dans l'équipe pluridisciplinaire). Ces bénévoles offrent au malade un espace symbolique de liberté, de confidentialité où tous les sentiments qui déferlent dans la fin de vie peuvent être exprimés. Par leur écoute, les bénévoles permettent la diffusion du «prendre soin» à tous les niveaux de la personne humaine, spirituelle, religieuse. Les malades a fortiori les mourants y sont très sensibles, les familles y trouvent un soutien.

PARCOURS

QUE NOUS RÉVÈLE LA MALADIE ?

Une manière d'être. Parfois la seule ou la dernière manière qu'a un individu d'affirmer son existence et de communiquer quelque chose de lui aux autres. Mais, il se peut aussi que la souffrance serve de faire-valoir tant au malade qu'au soignant. Elle devient alors le lieu d'une complicité ambiguë. Tout se passe comme si, côté patient, sa maladie avait plus de poids que sa parole; côté soignant, la souffrance d'organes plus de réalité que la vie subjective et incarnée du malade.

La maladie de l'un satisfait le besoin de soigner de l'autre, le besoin de ce dernier est comblé par la souffrance du premier! S'instaure une dépendance réciproque fonctionnelle, au sens où la maladie et les soins à y apporter auraient pour fonction d'installer et de cultiver leur inter-dépendance. Mais la dépendance fonctionnelle où qu'elle sévisse (thérapeute et soignant ont à veiller à ne pas tomber dans ce piège!) confisque la parole de l'un, rend sourde l'écoute de l'autre et fait de la maladie la raison d'être et du malade et du soignant. Au lieu que souffrant et soignant puissent se rencontrer sans dépendre l'un de l'autre, sans que la demande du malade d'être soigné et en réponse, le geste salvateur du soignant ne créent pour le premier une dette de reconnaissance, pour le second un dû à cette reconnaissance!

«Nous ne devons rien à ceux qui souffrent et qui meurent parce qu'ils souffrent et parce qu'ils meurent : ou plutôt nous leur devons à ce titre-là que les soins que nous pouvons et savons leur donner. Mais nous avons une dette particulière vis-à-vis de ceux qui souffrent et qui meurent parce qu'ils sont appelés à vivre non plus de leur propre image, mais de la parole dont ils témoignent pour nous et dont nous témoignons pour eux» écrit superbement Denis Vasse. [1]

Réflexion personnelle, échanges, mises en situation, permettent à chacun dans le groupe de formation, à chacun selon sa capacité d'intégration, de comprendre son rapport à la souffrance et ce fai-

1. Denis Vasse, le poids du réel, la souffrance. Ed Seuil 1983.

sant, son rapport à celui qui souffre. Comme disait un médecin à l'issue d'une formation aux soins palliatifs :

«À ne considérer que la maladie du patient et non le patient lui-même, et à entretenir mon aura médicale grâce à la souffrance d'autrui, je risque de condamner mes malades à seulement souffrir, privant beaucoup d'entre eux de la possibilité d'accéder à la joie de se sentir reconnus pour ce qu'ils sont et pas seulement pour la pathologie qu'ils ont.»

En tant que lieu de la parole, la maladie peut s'entendre comme un cri, celui d'un sujet affronté au désir de vivre, alors même que sa finalité est en train de labourer sa chair. Ne pas entendre son appel à la vie et à la continuité, c'est le condamner à l'anonymat et au silence. Cette sorte de dissociation entre la personne et la maladie, entre la souffrance et la parole, entre les soins et le «prendre soin» réduit le malade à un objet médical dont on s'occupe d'autant mieux qu'il est rendu muet et soumis…
C'est extraordinaire, reconnaissait une infirmière, *«Quand un malade se met à me parler vraiment, c'est comme si quelque chose renaissait en moi, le goût d'une résurrection entre lui et moi et que n'affecte même pas l'approche de la mort!»*

La parole prend le relais de la maladie pour en aider la guérison. Moins la guérison du corps sur lequel la médecine n'a pas tout pouvoir que la guérison de ce qui à l'intérieur de soi se fait complice de la maladie. La parole est garante d'une identité de soi qui demeure sous les apparences qui changent. Le malade et le mourant, quelles que soient leurs altérations, trouvent donc la part vivante d'eux-mêmes dans la parole.

Encore faut-il les écouter, ces maux et ces mots qui disent ce qu'ils ont à dire et qui échappent à toute science, à tout savoir, à tout savoir-faire, mais non au savoir être. C'est dans le savoir-être du soignant et de quiconque prend soin de lui que le «vivant» du malade et du mourant se reconnaît et peut se dire, enfin!

Question récidivante : Et quand le malade n'a plus la possibilité de parler ?
Certes la parole facilite et véhicule la communication, mais pour celui qui n'a plus recours aux mots, le «prendre soin» se fait écoute de l'indicible. Parce que écouter, c'est d'abord se mettre à niveau de l'humanité d'autrui, qu'elle soit parlante ou silencieuse. C'est dire que lorsque les mots ne viennent plus, entendant l'impuissance qui

les barre ou la souffrance qui les cherche en vain, l'écoute s'offre à un visage fût-il abîmé, à un regard fût-il obscurci, à un vivant fût-il mourant.

Plus la difficulté du malade à parler est grande, plus la parole du mourant est faible jusqu'à être inaudible, plus l'écoute a à se faire mobile, jusqu'à quitter la voie de l'ouïe pour se mobiliser dans le regard qui voit ce qui tourmente et ce qui délivre. Dans la caresse qui effleure la main, le front, le vif des sentiments.

Dans les situations extrêmes de vie et de mort, l'écoute ne se soucie ni de réussir ni d'échouer, mais seulement de se maintenir dans un désir assez fort pour n'être entamée par rien !

Les illusions de la formation

Arrivés au terme de leur décision singulière de se former à l'écoute du plus souffrant, nombre de participants constatent avec une lucidité accrue que des questions sont restées sans réponse, que d'autres surgissent auxquelles ils n'avaient pas pensé. Il arrive aussi qu'un doute les bouscule quant à leur réelle capacité d'écoute. Comme disait quelqu'un : *« L'impression que je n'y arriverai jamais ! »*.
Que je n'arriverai jamais à quoi ? *« À écouter comme on l'apprend ici »*.

Et qu'apprend-on ici ? Les réponses sont diverses et touchent de manière significative aux remises en question et aux prises de conscience individuelles. Le sentiment de ne pas y arriver ou celui de se noyer dans de nouvelles interrogations est essentiellement lié à la croyance que l'écoute, la bonne écoute s'entend, ne souffre ni doute ni fragilité, que l'échec doit en être banni. À ce compte là, en effet, comment y arriverait-on jamais ?

Formateur

Réaction bienvenue de ceux et celles qui en fin de parcours posent et se posent la question de leur capacité. Cela permet au formateur de suspendre les certitudes illusoires et ce faisant d'ouvrir à chacun, au terme de la formation proprement dite, un autre itinéraire. Sans filet celui-ci, c'est-à-dire avec le seul support qui fait de l'écoute un « entendement » : l'acceptation du risque d'écouter, jamais étranger au risque de vivre et de mourir, jamais éloigné du risque « de ne pas y arriver » !

D'ultimes questions qui la plupart du temps touchent à d'ultimes doutes sur soi, à l'efficience du contenu de la formation, à l'emploi possible ou non des acquis reçus, témoignent d'un souci de «tout savoir», résidu inconscient d'un vouloir tout savoir de la vie et de la mort! Mais aussi, questions de fin de parcours qui, d'autant plus rapidement que les acquis de la formation en facilitent la compréhension, permettent les réajustements nécessaires.

Fin d'une formation où chacun, de par les réponses qu'il a trouvées, mais aussi et peut-être plus encore les interrogations qui perdurent, comprend qu'il n'est pas à lui seul porteur d'un savoir et que son écoute, si bonne ou si misérable soit-elle, est un des aspects de sa condition humaine.

Fin d'une formation qui enseigne à chacun — de même au formateur — que c'est en acceptant de perdre ses illusions — ses illusions aussi sur la formation — qu'il pourra travailler, seul et avec d'autres, à la qualité de son écoute et à l'authenticité de sa parole.

Chapitre 7 *Les évaluations*

« Ce qui persiste jusqu'au dernier jour de la vie,
c'est la sensibilité du sujet aux effets d'une parole. »

Maud Mannoni, « Le nommé et l'innommable », Denoël, L'espace analytique, 1991.

Elles ponctuent régulièrement le travail de formation et servent de balises au formateur, aux participants, de même au contenu formatif dont elles permettent l'adaptation aux besoins des personnes en même temps que la vérification constante de l'éthique qui préside à la formation.

Quand évaluer ?

Au cours du travail de formation

C'est en quelque sorte «peser» les résultats obtenus, entre autres après un exercice, un jeu de rôle, une discussion en groupe etc. Ce contrôle régulier est un moyen de vérifier si l'enjeu du travail a été **compris**, son apport **efficace**. Évaluer le cours de la formation, permet de savoir ce qu'il advient de ce travail pour chacun, faute de quoi le risque serait grand de déviations et de déplacements des objectifs mêmes du travail de formation. Ce qui n'a pas été compris peut conduire à des interprétations totalement erronées.

- Quel est le sentiment qui domine en vous, ici et maintenant, après ce travail ?
- Selon vous, pourquoi cet exercice était-il important ?
- Qu'est-ce que cet exercice vous apprend sur vous-même ?
- Qu'avez-vous appris que vous ne saviez pas ?

Outre qu'une ou deux questions peuvent suffire, ce sont là des interrogations qui ne nécessitent pas — sauf exception — de longs développements. D'ailleurs n'y répondent en général que ceux et celles qui se sont particulièrement impliqués dans le travail proposé. Les autres participeront à l'évaluation qui clôturera la journée et sera sensiblement du même ordre, avec la différence que personne n'y échappera et qu'elle portera essentiellement sur les acquis. Étant entendu que l'évaluation, quel que soit le moment où elle se passe, exige toujours l'implication des participants.

FORMATEUR

Faut-il préciser que le formateur veille à atténuer le plus possible le caractère scolaire ou l'impression de jugement que peut revêtir l'évaluation dans sa forme. Il ne s'agit pas de «peser» le juste ou le faux, mais de mesurer un degré de compréhension, une possibilité de changement, un travail en cours.

En fin de journée

Il s'agit de faire exprimer par les participants ce qu'ils ont retenu du travail de la journée, de leur offrir l'opportunité d'exposer un point précis qui les a interpellés ou au contraire a provoqué leur résistance.
L'évaluation qui porte sur l'ensemble de la journée revêt deux objectifs : nommer un (ou des) acquis en le(s) situant dans le contexte qui en a favo-

risé la prise de conscience et la compréhension. Le deuxième objectif concerne le formateur qui peut «jauger» (ne pas confondre avec juger!) l'impact — ou non — du travail qu'il propose et si besoin en remodeler les données en vue de la prochaine journée.

Les questions d'évaluation posées aux participants peuvent être multiples et différentes selon les groupes, selon les mises en situation et même selon la créativité du formateur!

— Qu'avez-vous retenu aujourd'hui et qui va changer quelque chose dans votre écoute ?

— Qu'est-ce-que vous avez apprécié de cette journée et qu'est-ce-que vous n'avez pas aimé ?

— Une seule phrase ou un seul mot pour dire où vous en êtes maintenant.

— Suite au travail de cette journée, nommez une qualité d'écoute qui vous est propre, et une lacune à laquelle vous allez pouvoir remédier.

— Qu'est-ce-que vous allez mettre en œuvre pour appliquer ce que vous avez compris ?

La formation ne remplace pas du vide par du plein, de l'ignorance par du savoir, mais elle transforme le déjà-là afin de le rendre plus efficace. [1]

Interviennent aussi ce que l'on pourrait appeler **«les évaluations de reconstruction»**. Elles se font au terme d'une journée émotionnellement lourde; après des exercices qui ont touché au deuil et à la mort; suite à des prises de conscience qui ont remué, du moins chez certains, une confiance en soi, voire entraîné la perte plus ou moins radicale de l'illusion de tout pouvoir aider et sauver! Il ne s'agit aucunement, sous prétexte que le travail a été «dur» ou, comme disent certains, «décapant», de tourner la page, de tourner le dos, de se tourner vers autre chose qui va permettre de colmater la brèche!

Les évaluations dites de reconstruction n'ont pour objectif que de renforcer chez les participants une facette positive et gratifiante d'eux-mêmes, de manière telle qu'ils puissent garder en eux l'émotion, le décapage, la prise de conscience, mais sans le sentiment d'une destruction qui, lui, lèverait leurs résistances et leurs défenses.

— Quand vous sentez-vous valorisé ?

— Quelle condition vous faut-il pour que vous trouviez confiance en vous ?

1. Formateurs d'adultes, Jean-Paul MARTIN et Emile SAVARY, Chronique sociale. Ed. EVO.

— Quelles sont vos joies les plus habituelles ?

— Qu'allez-vous faire pour vous ressourcer, pour vous donner du plaisir ?

— Essayez d'exprimer ici et maintenant un mouvement de vie.

— Quand vous dites : «j'existe», quel écho en vous ?

Au terme de la session de formation

L'évaluation de la session dans son entièreté peut s'effectuer à plusieurs niveaux et en plusieurs temps. Le temps joue sur l'évaluation dans la mesure où elle se fait «à chaud», c'est-à-dire au terme de la dernière journée et dans le droit fil des départs, des séparations, autrement dit d'un certain deuil qu'accusent en général tous les participants. *«J'avais trouvé ici une famille d'élection»* disait quelqu'un !

«À froid», c'est-à-dire plus tard, après la retombée des sentiments subjectifs et l'éloignement inhérent aux conditions de vie et de travail de chacun, l'évaluation prend une connotation plus objective. Il s'agit alors de répondre par écrit à un certain nombre de questions dictées par le formateur. Immédiate ou à plus longue échéance, quelle est l'évaluation la plus authentique ? Difficile de répondre compte tenu que l'évaluation touche plusieurs niveaux subjectifs et objectifs qui s'interpénètrent et se distancient avec le temps précisément.

Le travail de formation a invité chacun à découvrir et à confirmer ses capacités d'écoute et d'accompagnement (entre autres en soins palliatifs), à clarifier ses points faibles, à situer les problèmes qui touchent à lui-même ou à son travail, à envisager des solutions personnelles et professionnelles.

L'évaluation finale va dire s'il y a eu évolution, compréhension, changement ou dans tous les cas désir de changement. Elle va mettre des mots sur une remise en question, sur un comportement, sur des attitudes, sur des sentiments, sur un avenir.

— Par rapport à l'écoute et à la conception que vous en aviez, qu'y a-t-il de changé au terme de votre formation ?

— Qu'allez-vous faire de ce que vous avez acquis ? Comment l'appliquer dans votre vie personnelle et professionnelle, dans votre bénévolat ?

— Avec quelle(s) question(s) repartez-vous ? Où allez-vous en chercher la ou les réponses ?

— Que pensez-vous des modalités de la formation, de son contenu, de son apport ?
Quelles sont vos suggestions à ce sujet ?

Ce sont là parmi d'autres des questions immédiates qui permettent aux participants une évaluation de leur vécu dans la session, de leurs acquis, de leur lucidité pour le présent et l'avenir mais aussi de ce qui peut faire qu'ils restent sur leur faim...

Il est utile de relever qu'en fin de session, il peut arriver que l'un ou l'autre participant demande à se réinscrire dans la formation suivante. Il est important d'écouter cette demande pour pouvoir en clarifier les ambiguïtés. Il s'agit souvent de «stagiaires perpétuels» qui prennent part à beaucoup de sessions de type psychologique avec l'intention plus ou moins affirmée de s'en servir comme d'une thérapie accélérée !

FORMATEUR

D'ailleurs, lors des entretiens préalables à la formation, il arrive que le formateur ait à mettre en garde un candidat qui se prévaut du grand nombre d'expériences thérapeutiques qui sont les siennes. Une immaturité affective peut aussi expliquer qu'un participant demande à récidiver dans la même formation et avec le même formateur, ce qui est significatif de mouvements transférentiels non élucidés. Le formateur ne peut répondre à ce type de demande qui, au niveau inconscient, est un appel à la réparation d'une blessure, d'un manque ; appel aussi à combler un vide que tous les groupes, séminaires, psychodrames, formations et autres, enfilés les uns après les autres, ne font qu'amplifier. Dans le meilleur des cas, le formateur ayant aidé à la clarification de la demande, la personne cherchera d'autres ressources pour elle, plus adéquates et plus définitives.

Le temps de l'évaluation en fin de session est un long temps, une manière forte non de clore la formation mais au contraire d'en faire un préalable à tout ce qui va suivre, advenir, se réaliser pour chacun... Encore que les acquis peuvent être oubliés s'ils ne sont pas mis en œuvre dans la vie personnelle et professionnelle. Le poids du quotidien et des habitudes, les résistances au changement, la perte du support que constituaient le groupe, le formateur et le travail de formation sont des risques pour la durabilité des acquis. À ce sujet, les groupes de «formation continuée» offrent la possibilité de vérifier et de confirmer le travail entrepris lors de la formation. *L'application des acquis trouve dans la formation continuée le suivi nécessaire à sa durée.*

Il n'est dans tous les cas pas rare, au terme de la session, d'entendre des participants dire que ce fut pour eux *«une véritable révélation»*. Il s'agit d'une prise de conscience qui apporte comme une lumière nouvelle à ce qui était déjà présent à l'intérieur de soi mais peu éveillé, et dans le même temps ouvre des possibilités, mène vers des réalités jusque là inconnues.

Évaluer le formateur

Le **formateur** n'échappe pas à l'exigence de l'évaluation, dont la qualité est significative d'un certain apport de sa part.

Un certain apport seulement ? Si le formateur se croyait responsable du bien et du moins bien, du changement et de l'immobilité, de la gratification et du reproche, de la haine et de l'amour, en un mot de TOUT ce qui fait la dynamique d'un groupe et la circulation personnelle en chacun de la formation reçue, il se poserait en formateur tout puissant, sorte de dieu-qui-sait-tout et peut-tout ! Plutôt que formateur, il serait gourou, parce que détenteur à lui seul de la liberté d'autrui. Sans compter qu'à se croire seul faiseur du progrès de l'autre, le formateur se rendrait dangereusement vulnérable aux critiques et aux manques exprimés par les participants. Vulnérable, donc dangereusement sensible aux jeux de la séduction comme à ceux du rejet.

Mais, est-ce dire que le formateur ne serait responsable de rien et que l'évaluation ne le concernerait pas, ou peu ? Si le formateur n'est pas responsable de la manière dont chaque participant reçoit la formation, y participe, en fait un plus pour lui, il est responsable de ce qu'il apporte, des bagages qu'il dépose dans le groupe, de l'intention qui anime le travail qu'il propose, de la force en même temps que de la souplesse de ses objectifs de formation. Hautement responsable d'une qualité intrinsèque à sa motivation d'être formateur : son ÊTRE-là.

Ce qui suppose que le formateur soit aussi l'animateur. C'est d'ailleurs l'animateur qui « fait passer » la formation, la rend accessible et pourrait-on dire met les formes qui rendent le travail attractif. Formateur et animateur ne font qu'un et il serait artificiel de vouloir séparer leurs rôles. Il est cependant important que dans le chef du formateur, l'accent soit mis sur **la structuration** du travail de formation ; sur **la transmission** de connaissances claires ; sur **la capacité** de reformulations et de synthèses. La tâche du formateur est de capter les représentations des participants pour pouvoir les utiliser, les clarifier, les développer dans un contexte finalement pédagogique.

Le formateur est aidé dans cette tâche par sa dimension d'animateur, c'est-à-dire celui qui **suscite** paroles, communications et expressions des participants. Toutes les formes d'expression peuvent d'ailleurs être utilisées : se dire, écrire, dessiner, raconter, mimer, jouer, bouger, toucher etc. **L'animateur** suscite chez les participants leur désir de savoir-être ; **le formateur** est attentif à leur désir de comprendre et d'appliquer leurs acquis. **Deux mouvements** inséparables qui exigent du formateur-animateur une attitude d'écoute, celle-là même que la formation veut enseigner !

Des résultats qui seraient trop souvent inférieurs aux objectifs recherchés mettraient en question la compétence du formateur, sa propre formation et son rôle d'animateur.

Évaluer l'activité du formateur, c'est le questionner selon quatre dimensions :

- son métier et ses méthodes de formation.
- sa connaissance des enjeux psychologiques qu'il éveille et met en route chez autrui.
- son engagement personnel et sa capacité d'animer et de motiver un groupe.
- le cadre et l'éthique dont il se porte garant.

C'est assez dire que la formation du formateur constitue le support non seulement de ce qu'il enseigne mais de ce qu'il incarne en tant que formateur-animateur : l'intuition que le sens même de la vie est à chercher et à trouver dans ce qu'elle a d'intangible et d'expressif.

Chapitre 8 *Les changements*

« ... Soit j'étais un médecin, toutes ces histoires de vie ne m'intéressaient pas vraiment, et alors je n'avais plus qu'à fermer mon cabinet et aller planter des choux. Soit j'acceptais ma réalité, les demandes de mes patients, et alors je pouvais rester, mais là, pour le coup, il me fallait apprendre mon métier... Il me fallait ajouter à ma compétence biomédicale une compétence humaine que je devais d'abord accepter puis développer. »

Eric GALAM, « *Confessions d'un médecin de ville* », in revue Autrement, n° 161, Février 1996, Intitulée : *Infiniment médecins*.

Ils constituent le fil rouge de la formation. C'est-à-dire ces mouvements en chaînes, jamais étrangers les uns aux autres, issus les uns des autres, tantôt en régression, tantôt en progression, à la manière du flux et du reflux qui habitent chacun !

Des changements étrangers au savoir!

Ce sont des changements qui inaugurent un étonnement, un ailleurs, une question voire un doute et en cela même préfigurent une remise en question, donc une évolution!

— Tout converge vers le «rien ne m'est dû», c'est éclairant.

— D'abord se pardonner à soi-même.

— Le droit à l'erreur, quelle délivrance!

— Le subtile chemin entre la claque et la caresse, la haine et l'amour me ramène à plus d'humilité.

— Travailler l'unité entre l'enfant et l'adulte en moi.

— Je découvre que ma demande de formation à l'accompagnement des personnes malades et en fin de vie est en rapport avec certaines blessures personnelles.

— Beaucoup de choses sont encore confuses à l'intérieur de moi mais maintenant j'en ai conscience. Il y aura une suite.

— Je me sens entière, comme raccordée à moi-même et au monde qui m'entoure.

— Tout n'est pas dit, tout n'est pas fait mais j'ai commencé.

— Étonnant ce qui se passe quand on se met à parler.

— La finitude, je la croyais destructrice, je commence à la voir créatrice.

— Je croyais ma vie enfouie sous la menace de la mort. Je découvre ici le lieu de l'écoute et de la réhabilitation. C'est comme si quelqu'un me disait avec force et conviction : lève-toi et marche! (un ancien malade)

Ce ne sont là que quelques observations parmi d'autres, émises au cours des évaluations qui ponctuent régulièrement la formation.

1. Les premiers changements s'ancrent dans une prise de parole.

«Je suis venue à la formation pour apprendre à écouter, et voilà que j'apprends à parler.» Tandis qu'une autre participante affirmait d'entrée de formation : *«Moi je suis du côté de l'écoute et non de la parole.»* Un premier changement fut donc pour elle de comprendre que pour être du côté de l'écoute, elle avait à faire l'expérience d'être du côté de la parole.

La parole touche en chacun de nous la région profonde de nos manques, donc de nos désirs. En quelque sorte, la parole est ce qui nous permet de réaffecter notre ÊTRE, de rentrer chez soi (comme on dit : «rentrer à la maison»), de se rassembler, de se «raccorder» ainsi que le disait quelqu'un. Dès lors, se mettre à l'écoute de l'autre, c'est lui donner accès à une parole, la sienne, mais dont l'écoutant aura expérimenté pour lui-même l'impact vital, voire les risques de changements…

L'écoute exige la compréhension la plus large possible de ce que parler veut dire…

2. D'autres changements ramènent chacun — du moins ceux qui s'y prêtent — à ses non-dits et à son corps parlant.

«J'espérais plus ou moins des techniques d'écoute, des recettes, un certain savoir. Au lieu de cela, j'ai découvert la parole, le corps, l'humilité, la mortalité, le respect, l'acquiescement à mon humanité : quel chemin!»

Les non-dits des émotions disent toujours quelque chose!

Les non-dits désignent une marge de liberté propre à chacun. Ils relèvent tantôt de l'inconscient et du refoulé, tantôt, du moins dans leurs mouvements conscients, d'une volonté de retenir, de séparer, de trancher, de censurer. Ils sont le lieu du compromis avec soi-même, avec la vie, avec la finitude, avec l'évidence de la mort.

Le travail de formation à l'écoute, particulièrement celle des personnes malades et en fin de vie, ouvre la voie des non-dits, en les découvrant, en les déclarant. À partir de quoi, chacun approchera ses non-dits avec les moyens qui lui seront propres. En effet, la formation n'étant jamais qu'un travail limité par le temps et par les moyens dont elle dispose, elle n'assure pas la «guérison» de soi, mais propose diverses formes de remises en question qui, elles, permettront à qui acquiesce, une évolution significative.

Quant au **corps parlant**, il est l'autre de soi-même, tellement que c'est d'abord de lui qu'émane une certaine révélation de soi, avant même la prise de conscience.

«Je ne me rendais pas compte à quel point j'étais inerte, comme absente de mon corps. Un malade m'a un jour dit : «Vous êtes-là avec votre tête»! Je n'avais pas compris, maintenant oui!»

«La question du toucher est délicate, on ne sait jamais si on peut ou on ne peut pas!»

La place adéquate du corps, autrement dit du toucher lors de l'écoute du malade et du mourant nécessite un *«travail»* qui s'opère par la parole et par le geste. Un travail qui implique des mots pour dire le corps, des gestes pour signifier le corps, des sentiments pour relier la chair et l'esprit. Travail d'incarnation de l'écoute!

La même participante qui posait la question de savoir si toucher un malade était ou non autorisé, dira en fin de formation :

«La réponse ne se réduit pas à un savoir ou à une autorisation mais à une expérience à l'intérieur de soi, corps et esprit.»

3. Un changement incontournable : ne plus se croire ou ne plus se vouloir sauveur, indispensable, réparateur, remet tout en cause dans la manière d'écouter autrui et de se situer soi-même dans cette écoute, ou dans cet accompagnement.

«Quand un malade me dit qu'il a peur de mourir, je lui réponds que moi présente, il ne mourra pas!»

Cette même infirmière condamnait catégoriquement en fin de formation ce propos tenu dès le premier jour, non sans sourire d'elle-même. Car il est vrai que «Ne plus se vouloir tout, c'est tout mettre en cause» (Georges Bataille). C'est dans tous les cas se réhabiliter avec une confiance en soi qui tient au réel et non plus à l'illusion du pouvoir et de la toute puissance. C'est offrir à autrui souffrant un partage sans l'équivoque d'une supériorité sur lui. C'est avec le mourant vivre la plénitude de la vie et l'acceptation de la finitude.

4. Un changement dans les changements : la Tolérance

En dénonçant l'intolérance, le travail de formation libère la tolérance! L'intolérance sert de défense, de résistance, d'alibi pour n'avoir pas à courir le risque de confronter ou de perdre une croyance fabriquée en vue de recouvrir une fragilité voire une angoisse. La tolérance, elle, assume l'humaine condition et n'a pas à se défendre du risque de la perte des illusions. Elle fait l'expérience de ce que au cœur de l'homme, le pur et l'impur, le vrai et le faux, le profane et le sacré, la vie et la mort ne sont pas antinomiques.

D'où une tolérance qui, ne banalisant aucunement les convictions de tout un chacun, suscite la parole d'autrui, se laisse être touchée par la souffrance de l'autre, s'ouvre à l'inconnu de la vie et de la mort. Il est significatif qu'en fin de formation nombre de participants se sentent *«plus en douceur»*, comme ils disent, vis-à-vis d'eux-mêmes, et donc vis-à-vis des autres. De leur implication dans le travail de formation, ils portent les traces et de cette expérience-là ils sortent changés, parfois transformés, car ils ont accepté d'y risquer leurs croyances. À les remettre en question, ils ont trouvé tolérance et conviction intime.

5. Parmi les changements que procure le travail de formation, il faut souligner le rôle de la souffrance.

Non l'importance de la souffrance, mais son rôle, c'est-à-dire ce que chacun en fait d'abord pour lui-même, ensuite ce qu'il en advient au travers de son écoute.

Dans le groupe, c'est à la fois une affaire collective et une histoire personnelle. Mais compte tenu de ce qui rassemble les participants, c'est-à-dire l'accès à l'écoute de «mort,deuil, séparation», la formation ne fait pas l'économie de la souffrance que réveille un tel travail.Encore que nul n'ayant le droit d'imposer un tel itinéraire à quiconque, le changement viendra précisément des participants eux-mêmes, au rythme de chacun et selon son vécu. Attachement névrotique à la souffrance ou prétendu détachement dont l'illusion est tôt ou tard dénoncée, il n'est pas rare que des participants trouvent au cours de la formation des talismans de vie, des sources vives demeurées en eux à l'état d'endormissement!

Le changement n'abolit pas la souffrance, il conduit à la possibilité d'un lieu à l'intérieur de soi où la souffrance dessine une ligne de vie, une ligne de combat, une ligne d'espérance, celle-ci étant beaucoup plus active que le seul espoir qui lui, relève le plus souvent du désir d'échapper au malheur (qui ne le voudrait pas!), de vaincre l'épreuve (qui ne le chercherait pas!), de contourner la souffrance. L'espoir envahit le présent et son immédiateté; il arrive que les solutions qu'il se choisit souffrent de cécité et de surdité. L'espérance quant à elle se situe de nuit comme de jour, elle traverse la souffrance, non en l'aimant mais en la reconnaissant. Car comment savoir d'où vient notre souffrance si nous n'en reconnaissons pas les traces en nous ? Comment la combattre si nous ne cherchons qu'à en effacer la réalité, en occulter la mémoire, en taire la plainte ? L'espérance n'est pas dans l'immédiateté, il arrive même qu'elle laisse un temps l'aveugle à sa cécité, le sourd à sa surdité, l'homme à son mal, mais c'est pour faire que l'homme choisisse la lucidité, cherche le sens, accueille la guérison, tende vers la vie et ce faisant, puisse dans le sillage de son espérance, construire sa paix et si possible sa joie.

> *« Toute souffrance est ambiguë, seul le sens — ou le non sens — que l'on peut en dégager lui confère un poids de vérité. D'avoir compris çà, mon écoute de l'autre quand il est en souffrance va changer. » (infirmière en soins intensifs)*
>
> *« Je le savais mais peut-être que je l'avais oublié : la souffrance n'a pas de valeur en soi, elle peut même être dégradante. Par contre en me référant au sens que je veux lui donner, la souffrance me met face à un combat précis et à l'écoute d'un appel précis ». (Bénévole en soins palliatifs)*
>
> *« Au fond, je comprends que l'espoir cherche à modifier les événements selon mon désir, tandis que l'espérance c'est ma capacité retrouvée de me laisser ÊTRE toujours plus loin, sans que les événements changent. Au terme, c'est moi qui change, en résurrection. » (Veuve, mère de famille nombreuse)*

Des changements issus d'un certain savoir

La formation s'articule autour de **trois problématiques** étant entendu que la dimension médicale n'est pas retenue ici, alors même qu'elle est constituante du « prendre soin » du malade et du mourant. Il s'agit de l'écoute des besoins spécifiques des personnes malades et en fin de vie; des réponses adéquates à ces besoins; de l'articulation santé-maladie, vie-mort dans les relations soignants-soignés, écoutants-écoutés. Ce qui en bref ramène à trois propositions : le savoir, le savoir-faire, le savoir-être. Le savoir-devenir constituant quant à lui le terreau d'une formation où chacun moissonne selon ses semailles.

Trois problématiques qui rejoignent **trois conditions pour un changement de savoir, de savoir-faire, de savoir-être.**

- ***L'intériorisation*** ou la prise de conscience de notre caractère humain et spirituel inachevé.
- ***La réhabilitation*** ou la confrontation avec le sens à donner à notre vie et à ses contenus; à notre vieillissement et à ses pertes; à notre mort et à sa certitude, et ce faisant à notre pratique professionnelle et ses exigences ou à notre bénévolat et ses alternances.
- ***L'implication*** ou le réseau émotionnel de nos relations avec les malades, les familles, les soignants, toutes les personnes à titre divers concernées.

Trois conditions pour les changements qu'exige la formation et qui offrent une resocialisation de la mort et du mourant, une humanisation des soins et des relations entre ceux qui meurent et ceux qui restent encore un bout de temps…

Mais il y a les résistances.

- Les résistances institutionnelles

  Parler d'une formation qui s'ajoute à celle déjà requise lors des études et l'expérience sur le terrain; envisager des remises en questions dans la hiérarchie institutionnelle; proposer des conditions de travail qui introduisent la parole, (le risque de la parole) les échanges, la communication, voilà qui suscite nombre de résistances, mais ouvre aussi le débat!

- Les résistances individuelles

  Elles se manifestent particulièrement chez ceux qui confondent la formation avec un savoir acquis grâce à la science et transmis par l'enseignement; ceux qui prennent la formation pour une spécialisation qu'il faudrait acquérir, «une de plus» s'insurgent les médecins; ceux qui croient glaner leur formation dans les livres et les techniques; ceux qui trouvent que le cœur et la générosité suffisent à leur donner les compétences voulues pour «écouter» des grands malades et des mourants.

Autant de résistances qu'explique l'angoisse de mort tapie au creux de chacun de nous. Angoisse de mort qui n'est pas séparable de l'angoisse de vivre. Toute formation qui engage le savoir-être et le savoir-devenir conduit inexorablement à une interrogation qui ne trouve de réponse que dans le passage du dû au don : **pourquoi vie, santé et intégrité qui nous sont données, nous sont-elles reprises ?** Sous-entendu, ne nous sont-elles pas dues, puisque nous les avons reçues sans avoir à les demander ? En ce sens, la formation à l'écoute des personnes en mal de vivre et en mal de mourir, que ce soit dans l'institution hospitalière ou à domicile, mène indubitablement à élucider :

- les **faux-fuyants** dont la subtilité fallacieuse nous entraîne trop souvent à parler de la mort comme si elle n'était jamais que celle des autres.
- les **travers** qui nous donnent à croire que soigner, écouter, accompagner relèvent d'un pouvoir alors qu'il ne s'agit que d'une solidarité voire d'un devoir.
- les **dénis** que tentent ceux qui s'agrippent à leur pouvoir et à leur savoir très éloignés des besoins réels des souffrants. Et tout cela

pour le plus grand malaise des soignants eux-mêmes et des accompagnants quels qu'ils soient, pour le malaise aussi, celui-ci irréversible, du malade en quête de confiance, de respect, de compréhension, de non-abandon surtout.

Changements et élargissements de perspectives

Dans le contexte de la science médicale d'aujourd'hui et des techniques de pointe qui ne cesseront de s'affiner dans les temps à venir, il devient indispensable non seulement d'institutionnaliser la pratique des soins palliatifs mais d'élargir celle-ci en manière telle que tous soins apportés à une personne malade ou en fin de vie, revêtent les qualités médicales, psychologiques, affectives et spirituelles des soins palliatifs.

Par les questions qu'ils posent, les participants, particulièrement les bénévoles et les familles, soulignent d'une part l'exemplarité des unités de Soins Palliatifs et d'autre part la nécessité sinon l'obligation d'étendre le mouvement palliatif hors des frontières de l'unité de S.P. proprement dite. L'amélioration des conditions de soins et d'accompagnement au cours de la maladie à caractère mortel ne saurait rester le privilège d'une minorité. *«Il est temps que la pratique des soins palliatifs sorte du seul cadre des unités spécialisées»* disait une infirmière de médecine interne, en parlant d'expérience. Tandis que le proche d'un grand malade exprimait, non sans une certaine véhémence légitime, l'urgence d'adapter et de prodiguer soins palliatifs, confort et accompagnement au malade en fin de vie, *quel que soit le lieu où il se trouve*, en institution hospitalière ou à domicile et *quelle que soit sa pathologie*.

Au cours de cette réflexion sur les changements et élargissements de perspectives concernant le «prendre soin» des personnes malades et en fin de vie, surgissent des questions qui n'échappent pas aux participants, moins encore aux «soignants quotidiens» comme disait l'un d'eux.

- La formation aux soins et à l'accompagnement des malades en fin de vie suit-elle la progression des soins palliatifs ? La formation, va-t-elle être généralisée ? Certains s'inquiètent de ce que leur formation soit reconnue et prise en compte dans leur milieu professionnel.
- D'où des interrogations amenées en général par les infirmier(e)s : *«La formation a changé beaucoup de choses dans ma conception du travail et dans mon approche des patients. Comment vais-je m'y prendre pour que «ça» passe sans trop de vagues dans le service ?»*

D'autres s'expriment plus radicalement : *«Après cette formation ça va barder, ou c'est ma chef qui change ou c'est moi qui vais ailleurs.»*

Il en est qui craignent de perdre leur situation si elles venaient à bousculer les habitudes dans leur service et les résistances qui s'y maintiennent. L'une d'entre elles de résumer la situation : *«Au fond, cette formation est un cadeau empoisonné, mais le poison, c'est moi qui l'introduis en me faisant prisonnière des habitudes du service ! En m'y prenant avec respect comme je l'ai expérimenté, avec une écoute neuve comme je l'ai reçue, ça devrait bouger dans l'équipe !»*.

Ces diverses réflexions et interrogations amenées par les participants et, de manière très pointue, par les soignants eux-mêmes, posent la question urgente et incontournable de la formation des médecins, des infirmier(e)s et autres soignants, et ceci dès le cursus universitaire ou infirmier. Une formation psychologique de qualité en même temps qu'un soutien adéquat aux soignants professionnels et aux bénévoles, constituent une pierre d'angle dans la mouvance curative ET palliative. Une absence de formation rejoindrait une absence d'éthique particulièrement inacceptable en matière de santé et de soins, a fortiori de soins de fin de vie.

En effet, «la qualité de la vie par une individualisation des soins peut et doit passer dans les soins au stade curatif car c'est une philosophie de vie que diffusent les soins palliatifs» [1]. C'est assez dire que le malade est et demeure une personne à part entière, vivante jusqu'au bout, et que du premier au dernier jour de sa maladie, il a droit à des soins et à un accompagnement qui respectent les phases curatives et palliatives de son évolution physique, morale et spirituelle.

Que dans le chef des médecins et des soignants, des comportements humains et psychologiques soient reconnus inadéquats affecte la confiance que chacun porte à la structure dont il est membre (en tant que soignant) ou à celle à laquelle il fait appel (en tant que patient). Mais que les comportements des médecins et des professionnels puissent en même temps être considérés comme perfectibles, leurs changements étant consécutifs à une démarche de formation, donne au soignant le sentiment de sa capacité à modifier le système dont il avait jusqu'alors l'impression d'être prisonnier. Et donne au malade confiance dans un «prendre soin» qui tienne compte de la globalité de ses besoins les plus légitimes.

---

1. Chantal Couvreur «Nouveaux défis des Soins Palliatifs», De Boeck Université, Col. Savoir et Santé, 1995.

Formation de base, formation continuée, session de perfectionnement, lieu de parole permettent à ceux qui sont engagés professionnellement ou bénévolement sur le terrain mouvant de la vie et de la mort d'apprendre et de vérifier un certain nombre de notions indispensables pour modifier voire changer la réalité concrète de leurs relations avec les personnes malades et en fin de vie, de même avec les familles.

Est-il besoin de souligner que les retombées sociales d'une telle politique de formation - d'ailleurs souhaitée par un grand nombre - peuvent être considérables et dépasser le seul cadre des soins, en participant de façon importante à la réhabilitation sociale de la vieillesse et de la mort dans notre société.

PARCOURS

Pourquoi Vivre ?

Question première ou question ultime, elle traverse la vie de tout un chacun. Le travail de formation n'a pas la prétention d'y répondre, tout au plus a-t-il celle d'éveiller l'interrogation. Celle-ci a plus d'importance que la réponse qui, de toutes manières, sera différente selon les personnes et leur contexte de vie.

Et pourtant, il est un Pourquoi Vivre! «Tous les fleuves vont à la mer, et la mer n'est pas remplie» écrit Elie Wiesel en citant l'Ecclésiaste. [1] Oserions-nous dire que tous nos «pourquoi» vont à la vie, et que la vie ne s'en remplit pas, parce que demeure toujours, tapi au creux de notre humanité, un «pourquoi» auquel échappe la réponse ? Un pourquoi auquel il n'est peut-être pas de réponse et c'est mieux ainsi, parce qu'une absence de réponse peut davantage! Une certitude, un savoir, une satisfaction, une suffisance qui se veulent ou qui se croient une réponse au Pourquoi Vivre, retirent à cette question son immensité! Quoiqu'il en soit, viendra un jour où l'infini de cette interrogation sera voué à lâcher ses amarres temporelles! Dès lors la question ne sera plus «pourquoi vivre» mais «pourquoi avoir vécu». Et nous découvrirons que la réponse, nous la portions depuis toujours, enclose dans notre finitude et pourtant ivre de liberté et de régénérescence.

1. Mémoires 1 et 2, Ed du Seuil, 1996.

C'est que le plus humain de l'homme ne se réduit pas à l'homme. Le plus humain du malade ne se réduit pas à sa maladie. Le plus humain du mourant ne se réduit pas à sa mort. Le plus humain, c'est ce qui en l'homme témoigne qu'il est davantage que ce qui apparaît de lui.

Davantage ?

L'âge additionne. L'expérience accumule. La raison construit. L'esprit d'enfance quant à lui, renouvelle toujours, repart toujours aux premiers pas de l'amour, écrit Bobin! [1] Ne pas confondre l'esprit d'enfance avec l'esprit infantile! Ce dernier croit à la toute puissance, à la chose due, à l'immortalité. Il croit devoir demander des comptes au monde entier, à Dieu en particulier qu'il interroge sur sa toute puissance et l'usage qu'Il en fait, à ne pas sauver le monde de ses drames et de l'injustice! L'esprit infantile croit que celui qui le précède, père, mère, professeur, Dieu ou tout autre, va le protéger de tout, en a le devoir. C'est pourquoi il combat la souffrance avec les armes de la colère, de l'amertume, de la dépréciation de soi et des autres.
L'Esprit d'enfance par contre, parce qu'il comprend que celui qui le précède ne protège que son accès à la liberté, combat la souffrance avec les armes de la liberté, de la solidarité et de l'acceptation. Une acceptation sans commune mesure avec la résignation. Il ne s'agit d'ailleurs pas d'accepter la souffrance en tant que telle, mais de s'accepter soi face à la souffrance, à l'épreuve du non-su et du non-dû.

Elle est significative l'irruption de cette question en fin de formation! Encore qu'il soit rare qu'elle se pose en ces termes. Elle s'infiltre en sourdine, en paroles pudiques parmi les participants. Mine de rien, elle creuse son sillon dans les exercices, les jeux de rôle, les échanges et les silences qui ponctuent le travail de formation. Elle prend diverses formes et intonations; tantôt elle s'impose, tantôt elle prend la fuite; elle cherche sa paix dans les non-dits et, ne la trouvant pas, se cherche d'autres voies.

Lorsque tout à coup — mais est-ce tout à coup ? — elle explose :

— Pourquoi vivre s'il faut mourir ?

— En ce qui me concerne, la formation a démasqué la férule de mon savoir et dévoilé mes rapports d'inégalité avec les autres; je vis autrement, je sais comment je vais vivre à partir de maintenant.

1. Le Très Bas, Ed Gallimard, 1992.

— Au fond, c'est la vie qui a force de loi. Et la mort là-dedans ?

— S'il y a un pourquoi mourir, c'est qu'il y a un pourquoi vivre, ça me vient maintenant à la fin de la formation. Je n'ai pas besoin de réponse, la question suffit.

Incorporée à la vie reçue, à la vie donnée, à la vie lâchée, cette question a les liens les plus profonds avec l'amour de l'existence. C'est elle, cette interrogation, qui confère au processus de formation son authenticité, sa continuité, pourquoi pas sa beauté, celle d'une croissance, chaque fois que c'est possible.

— Drôle de question, dangereuse aussi à cause de la réponse.

— Je n'y avais jamais pensé, mais c'est vrai qu'il faut se la poser, fût-ce pour pouvoir écouter les autres dans leur recherche de sens.

— J'ai peur de la réponse, alors je fais comme si la question n'existait pas.

Plus tard, ces mêmes participants rectifiaient :

— Je ne crois plus que cette question soit dangereuse, elle est un ferment dans la réalité de la vie et de la mort.

— Si je veux accompagner des malades et des personnes en fin de vie, je dois comprendre pour moi-même ce que vivre veut dire.

— C'est embêtant ou bien c'est une grâce, mais je ne peux plus me cacher la question. Bas les masques !

Pourquoi vivre ?

FORMATEUR

En posant la question pour lui-même — il est indispensable qu'il n'y échappe pas — le formateur substitue à la loi du savoir une loi humaine, sorte de vertu fondamentale et créatrice de ce travail d'esprit et de chair qu'est une formation dont les enjeux touchent à mort, deuil, séparation. Dès lors, son savoir professionnel indispensable et son expérience personnelle vitale perdent leur statut pédagogique au profit du passage de l'énonciation à l'incarnation !

Postface

Toute formation n'est qu'un préalable, le chemin est à continuer avec soi-même, avec les autres, avec la vie, ses bonheurs et ses malheurs, ses surprises et ses routines, ses réussites et ses échecs, la vie avec sa plénitude et sa finitude !
Mais c'est un préalable qui change notre regard, moins sur la vie ou sur la mort en tant que telles que sur le rapport de l'une avec l'autre. Ce n'est pas rien que de consentir à cette étreinte. Un consentement qui ne s'obtient qu'en mettant à jour l'épaisseur des réalités éclairées par nos expériences de vie et de mort quotidiennes, en même temps que la légèreté du privilège d'être au monde.

La grande affaire d'une formation qui touche à mort, deuil, séparation et ce faisant célèbre l'intime de soi et la rencontre avec l'autre, est de s'engager dans une réconciliation entre la naissance et la mort, afin que puissent se déployer les œuvres de l'une et de l'autre au cours de notre existence d'une part, dans notre périple de soignant, d'écoutant, d'accompagnant, d'autre part.

Ce que la formation, telle que présentée ici, façonne, n'est pas de l'ordre pédagogique, même si toute pédagogie n'y est pas absente. Elle forme le creuset où la vie et la mort, cessant de se nier l'une l'autre, celui ou celle qui se veut soignant le soit à part entière. Celui ou celle qui se fait écoutant, le soit sans réticences d'aucune sorte. Celui ou celle qui est accompagnant, le soit dans la médiation qui est la sienne. Chacun avec la force vive de son humanité sans cesse en devenir, quels qu'en soient les morts, les deuils, les séparations et les invincibles espérances. Du moins, la formation propose-t-elle à chacun de s'y essayer…

Le C E F E M ses objectifs, son public

Organiser et promouvoir des activités de formation pour tous ceux qui, à titre professionnel, bénévole ou familial sont en contact avec les malades adultes ou enfants, les personnes âgées, les personnes en fin de vie, et cherchent à instaurer des relations de qualité.

Ces formations ne se limitent pas à l'apprentissage de techniques et de théories, aussi nécessaires puissent-elles s'avérer. Elles impliquent avant tout un travail sur soi qui permet de découvrir et d'élaborer les sentiments et les attitudes que suscite l'approche des personnes marquées par la maladie et la fin de vie.

Le C E F E M souligne :

- l'intérêt accordé au patient considéré comme une personne et non comme un objet de soins. Position éthique qui relève de l'absolue nécessité de respecter le malade et de protéger sa dignité,
- l'importance de la famille auprès du malade,
- la reconnaissance de l'approche globale des soins, au sens où ceux-ci ne se limitent pas aux actes médicaux mais s'enrichissent aussi de la relation humaine,
- le recours indispensable aux thérapeutiques de la douleur et des autres symptômes qui permet cette approche réciproque et relationnelle avec le malade en fin de vie,
- le pluralisme qui ouvre les relations.

Le C E F E M son public

L'association s'adresse aux soignants professionnels, aux bénévoles, aux travailleurs sociaux, aux familles, aux ministres du culte et à toute personne concernée par l'accompagnement de la personne malade et en fin de vie, quelle qu'en soit l'âge, en institution hospitalière, à domicile, dans l'unité de soins palliatifs.

Remerciements

Mes sincères remerciements à l'équipe fondatrice du CEFEM, aux membres actifs de l'association, administrateurs, formateurs, bénévoles.

Mes remerciements chaleureux à Thérèse BASUAU, formatrice en Soins Palliatifs, qui a inlassablement tapé sur support informatique le manuscrit plusieurs fois remis sur le métier. Son intérêt pour le sujet traité et ses conseils m'ont été une aide précieuse.

Mes remerciements les plus vifs à ceux et celles dont la capacité de remise en question au cours de leur travail de formation, l'ouverture de cœur et d'esprit dont ils ont témoigné constituent le canevas de cet ouvrage.

Quelques livres parmi d'autres

ABIVEN M., Une éthique pour la mort, Desclée de Brouwer, 1995.

BELLET M., L'épreuve, Desclée de Brouwer, 1988.

BELLET M., L'écoute, Ed. Epi/Desclée de Brouwer,1989.

BOBIN C., La plus que vive, Gallimard, 1996.

BOBIN C., L'homme qui marche, Ed. Le temps qu'il fait, 1995.

BOBIN C., Le très bas, Gallimard, 1992.

BUCKMAN R., S'asseoir pour parler, l'art de communiquer de mauvaises nouvelles aux malades. Avec la collaboration d'Yvonne KASON, Inter Editions, Québec 1994, Paris pour la traduction française.

BURDIN L., Parler la mort, des mots pour la vivre, Préface de Bernard-Henri Lévy, Desclée de Brouwer, 1997.

CABROL C., Parole de médecin, Ed. Hachette-Carrère, 1991.

CARLIER A.M., Cahier Laennec, Mars 1990, Hôpital international de la Cité universitaire, Paris.

CHANCEAULME-JOUBERT J., Mourir, ultime tendresse, Pierre Mardaga, 1990.

COMTE-SPONVILLE A., Pensées sur la mort, Ed. Albin Michel, 1998.

COUVREUR C., Nouveaux défis des soins palliatifs, Préface du Dr Renée Sebag-Lanoë, De Boeck-Université, Coll. Savoir et santé, 1995.

…ZAIN C., Quand les jours sont comptés. Soins Palliatifs : expé…e et réflexions, de Richard M.S. médecin et de Venetz A.M. psycho…ie, Ed. Saint Paul Versailles, Coll. Enquêtes, 1997.

…HENNEZEL M., La mort intime, Préface de François Mitterrand, …obert Laffont, Coll. Aider la vie, 1995.

…ELISLE I., Les derniers moments de la vie, Ed. du Renouveau Pédagogique, Québec, 1993.

DESCHAMPS D., Psychanalyse et Cancer, Au fil des mots… un autre regard, L'Harmattan, 1997.

DE SOLEMNE M., Innocente culpabilité, dialogue avec Paul Ricœur, Stan Rougier, Jean-Yves Leloup, Philippe Naquet, Ed. Dervy, Paris, 1998.

FAURE C., Vivre auprès d'un proche très malade, Albin Michel, 1998.

FAURE C., Vivre le deuil au jour le jour, Albin Michel, 1996.

GALAM E., «Confessions d'un médecin de ville», in *Autrement*, n° 161, Février 1996. Infiniment médecins.

GALLOIS P., Mieux soigner. Comment concilier le scientifique et l'humain, Seuil, 1995.

GAUVIN A. et REGNIER R., L'accompagnement au soir de la vie. Le rôle des proches et des bénévoles auprès du malade, Ed. Le Jour, 1992, Canada.

GENEVOIS E., La voix de la sérénité en réponse à celle des inquiétudes. Préface du Dr Martine Piccart. Disponible uniquement à l'institut Jules Bordet, Bvd de Waterloo, 121, 1000 Bruxelles.

GENTILINI M., Tempérer la douleur du monde. Entretiens avec Jean-Philippe Caudron, Bayard éditions/Centurion, 1996.

GOLDENBERG E., «Près du mourant, des soignants en souffrance», in *Études*, Nov. 1987.

ISRAËL L., La vie jusqu'au bout, Plon, Paris, 1993.

GUYOT F., «Vous leur direz…» : Paroles recueillies par Françoise Guyot. Préface du Professeur René SCHAERER, Ed. La pensée sauvage, 1996.

JALMALV, Jusqu'à la mort accompagner la vie, Bulletins de la Fédération JALMALV, 4 bis rue Hector Berlioz, 38000 Grenoble.

- Comment être «psy» en soins palliatifs, n° 35, déc. 1993.
- La souffrance, sens ou non-sens, n° 38, sept .1994.
- La violence dans la relations de soin, n° 46, sept. 1996.
- Les enjeux de l'euthanasie, n° 53, juin 1998.

KAËS R., «Fantasmatique de la formation et désir de former», in *Fantasme et Formation*, Collectif Dunod, Paris 1973.

KEBERS C., La souffrance, la mort. Comment en parler ?, *Lumen Vitae,* 1989.

KEBERS C., La vie in extremis, Ed. Lumen Vitae, Bruxelles, 1995.

KEMP C.-E., Le malade en fin de vie, guide de soins palliatifs. Traduit de l'anglais par Maryline SALMON, adaptation française par Dr Cécile BOLLY, De Boeck Université, 1997.

LAMAU M.L., Soins Palliatifs, Ed. Centurion, 1994.

LAMBRICHS L., Le livre de Pierre, Ed. de La Différence, 1995.

LEONTINE Sœur, Euthanasie, pour qui ? Pourquoi ? Témoignage et réflexion, Ed. Centurion, 1994.

MALHERBE J.F., Homicide et compassion. L'euthanasie en éthique clinique, Ed. Médiaspaul Montréal-Paris, 1996.

MANNONI M., Le nommé et l'innommable, Denoël l'espace analytique, 1991.

MARTIN J.P. et SAVARY E., Chronique sociale, Ed. Vie Ouvrière.

MARTINO B., Voyage au bout de la vie, Ed. Balland, 1987 - Pocket, 1995.

POIZAC M., Jusqu'au bout du chemin. Récit, Flammarion, 1996.

PROTIN M.J., «Peurs, angoisses et demande de formation» in JALMALV n° 42, sept. 1995 : Les peurs face au mourir.

RINGLET G., Un peu de mort sur le visage, Desclée de Brouwer, Coll. Littérature ouverte, 1997.

RINPOCHE S., Le livre tibétain de la Vie et de la Mort, Ed. Table Ronde, 1993.

RUSZNIEWSKI M., Face à la maladie grave, Patients, familles, soignants. Préface de Robert Zittoun, Dunod, 1996.

SEBAG-LANOË R., Soigner le grand-âge, Préface d'Emmanuel Lévinas, Epi/Desclée de Brouwer, 1992.

SEBAG-LANOË R., Vieillir en bonne santé, Desclée de Brouwer, 1997.

SOCIÉTÉ de THANATOLOGIE, président Dr Michel HANUS. «Deuil et accompagnement», Bulletin n° 103/104, 1995.

«Mort et Grand Âge», Bulletin n° 109/110, 1997.

TARDAN-MASQUELIER Y., Les chemins du corps, Collectif, Albin Michel, 1996.

VANNESSE A., Écouter l'autre, tant de choses à dire, Lyon Chronique sociale, Bruxelles Vie ouvrière, 4ème éd., 1998.

VASSE D., Le poids du réel, la souffrance, Seuil, Paris, 1983.

Table des matières